101 REGRAS BÁSICAS

PARA UMA ARQUITETURA
DE BAIXO CONSUMO
ENERGÉTICO

H622c   Heywood, Huw.
         101 regras básicas para uma arquitetura de baixo
      consumo energético / Huw Heywood ; tradução e revisão
      técnica: Alexandre Salvaterra. – 2. ed. – Porto Alegre :
      Bookman, 2023.
         xiv, 250 p.: il. ; 20 cm.

         ISBN 978-85-8260-590-5

         1. Arquitetura – Projetos. 2. Eficiência energética.
      I. Título.

                                                CDU 72.012.1

Catalogação na publicação: Karin Lorien Menoncin – CRB 10/2147

HUW HEYWOOD

101
REGRAS
BÁSICAS

PARA UMA ARQUITETURA DE BAIXO CONSUMO ENERGÉTICO

2ª EDIÇÃO

Tradução técnica:
Alexandre Salvaterra
Arquiteto e Urbanista pela Universidade Federal do Rio Grande do Sul (UFRGS).

bookman

Porto Alegre
2023

Obra originalmente publicada sob o título
101 rules of thumb for low-energy architecture, 2nd edition

ISBN 9781859469910

Copyright © 2022. All Rights Reserved.
Authorised translation from the English language edition published by
RIBA Publishing, a member of the Taylor & Francis Group.

Gerente editorial: *Letícia Bispo de Lima*

Colaboraram nesta edição:

Consultora editorial: *Arysinha Jacques Affonso*

Editora: *Simone de Fraga*

Leitura final: *Denise Weber Nowaczyk*

Arte sobre a capa original: *Paola Manica | Brand&Book*

Editoração: *Ledur Serviços Editoriais Ltda.*

Reservados todos os direitos de publicação, em língua portuguesa, à
BOOKMAN EDITORA LTDA., uma empresa do GRUPO A EDUCAÇÃO S.A.
Rua Ernesto Alves, 150 – Bairro Floresta
90220-190 – Porto Alegre – RS
Fone: (51) 3027-7000

SAC 0800 703 3444 – www.grupoa.com.br

É proibida a duplicação ou reprodução deste volume, no todo ou em parte,
sob quaisquer formas ou por quaisquer meios (eletrônico, mecânico, gravação,
fotocópia, distribuição na Web e outros), sem permissão expressa da Editora.

IMPRESSO NO BRASIL
PRINTED IN BRAZIL

O AUTOR

Huw Heywood é um arquiteto com mais de 30 anos de experiência prática e docente em vários países do mundo. É especialista e pesquisador em *design* voltado para tecnologia ambiental e sustentável. Atua como professor na Escola de Arquitetura da University of Portsmouth, professor associado na Chinese University, de Hong Kong, e professor convidado em escolas do Reino Unido, de Hong Kong, da China e da Alemanha. Huw é autor e ilustrador dos seus dois primeiros livros da série *101 Rules of Thumb* e, quando não está viajando para aprender sobre outras culturas e regiões climáticas, dedica-se às suas paixões: fotografia, pintura e caminhadas pelas montanhas do norte do País de Gales.

DEDICATÓRIA

Dedicado à memória de David Yearley,
arquiteto, professor, colega e amigo.

AGRADECIMENTOS

Sou extremamente grato à fantástica equipe de RIBA Publishing e, especialmente a Clare Holloway, editora sênior, pois, sem sua clareza sobre a necessidade de uma 2ª edição, ela simplesmente não teria sido feita.

Ao longo dos anos, muitos educadores, autores, acadêmicos, arquitetos, colegas e leitores têm nos influenciado e oferecido sábios conselhos, e os especialistas gentilmente nos ofereceram *feedback*, revisando nosso manuscrito. Sou muito grato a todos eles.

Mais uma vez, agradeço a James Scrace por sua valiosíssima contribuição aos livros *101 regras básicas para uma arquitetura de baixo consumo energético* e *101 regras básicas para edifícios e cidades sustentáveis*.

Também continuo tendo uma grande dívida, principalmente com Betty, por sua paciência em me ouvir e por suas preciosas sugestões.

PREFÁCIO

Esta 2ª edição foi elaborada em virtude de o termo *baixo consumo energético* ter se tornado sinônimo de *baixa emissão de carbono*. A geração de energia é responsável por quase 75% das emissões globais de gases do efeito estufa, principalmente a partir de CO_2, decorrente da queima de combustível fóssil, outrora enterrado e que serviu como combustível fóssil, o que está nos levando ao limite de segurança do aquecimento global: 2°C. O setor da construção é responsável por metade do consumo global de energia e por 40% das emissões de CO_2. Estima-se que, em meados de nosso século, a população mundial tenha passado dos atuais 7,8 bilhões de pessoas a 10 bilhões, e a área construída global composta de novas edificações dobre até 2060, quando cerca de 70% da energia ainda estará sendo obtida de combustíveis fósseis.

Os prédios que já construímos continuam consumindo energia. Na Europa, por exemplo, 75% das edificações existentes são consideradas ineficientes nesse quesito. Ainda assim, a reforma desses prédios ocorre a passos de tartaruga. Significa dizer que os prédios que ainda não construímos nos oferecem uma oportunidade ímpar de gerar impactos significativos e duradouros na batalha contra as mudanças climáticas.

Esta obra trata da energia que consumimos em nossos prédios – a energia operacional (e, portanto, o carbono operacional), que costuma representar até 80% do consumo energético ao longo da vida útil (CELVU) e das emissões de carbono ao longo da vida útil (ECLVUs) de uma edificação atual. A redução do consumo energético continua sendo considerada *a* prioridade, mas, à medida que conseguirmos reduzir a energia operacional, a energia incorporada (aquela dispendida para o processamento de materiais, construção, manutenção e demolição) assumirá uma parcela cada vez maior do consumo energético e das emissões de carbono ao longo da vida útil dos prédios, e, portanto, receberá mais atenção.

As emissões globais de CO_2 oscilam. Embora tenham estabilizado em 2019, principalmente em virtude do aumento da geração de energia renovável e nuclear, vale notar que houve um *aumento* das emissões de CO_2 relacionadas à conversão de energia em 2018 em decorrência de um clima imprevisível e pela situação econômica das nações: quando a economia vai bem, constrói-se mais, e os climas atipicamente quentes ou frios causam desconforto aos usuários, aumentando o consumo energético e, por conseguinte, as emissões de carbono. Os princípios de projeto passivo das regras práticas deste livro nos oferecem uma rota para a redução de carbono dessas relações, seja lá onde você estiver no planeta. As regras, portanto, servem como uma plataforma a partir da qual podemos projetar edificações de baixo consumo energético e que sequestrem (em vez de emitir) o carbono, o que não só minimiza os impactos, como também contribui positivamente às soluções que precisamos.

SUMÁRIO

Introdução... 1

Capítulo 1. A situação e a localização............................ 5
- Sol e sombra
- Clima e microclima
- Proteção contra o vento e a chuva

Capítulo 2. A orientação solar e a forma arquitetônica........ 45
- A relação entre o sol e o vento
- O impacto da forma arquitetônica

Capítulo 3. As vedações externas de uma edificação de baixo consumo energético............................. 75
- Construções pesadas e leves
- Os momentos em que há a necessidade de calefação
- A redução das perdas térmicas

Capítulo 4. A energia e o ambiente interno 115
- Calefação livre de emissões de carbono: sistemas de ganho solar direto, isolado e indireto
- Refrigeração livre de emissões de carbono: o uso da terra, do vento e da água
- Iluminação livre de emissões de carbono: a luz natural
- Cor

Capítulo 5. Regras e estratégias para diferentes regiões climáticas 173
- Clima quente e seco
- Clima quente e úmido
- Clima frio
- Clima com invernos frios e verões quentes
- Clima temperado

Notas, observações e fontes de consulta:
uma bibliografia narrativa 186

Dez leituras excepcionais 237

Referências 238

Recursos na web 240

Índice 245

INTRODUÇÃO

Nossos ancestrais sabiam como criar condições internas confortáveis com o uso modesto dos recursos disponíveis às suas arquiteturas autóctones; precisamos reaprender essa capacidade e aplicá-la no mundo de amanhã. Esta obra busca reintroduzir ao leitor tal conhecimento intuitivo, explicando aquilo que funciona nas edificações que consomem pouca ou nenhuma energia em sua operação, não importa o local em que se encontrem. Seu objetivo é oferecer três coisas ao leitor:

- O entendimento das regras universais da natureza que determinam o modo como os prédios respondem ao seu meio ambiente
- Uma lista de soluções práticas para o baixo consumo de energia em novas edificações ou para a reforma de edificações já construídas
- Uma orientação sobre como minimizar as emissões de CO_2 com a adoção de regras básicas de projeto

Essas regras simples tratam dos fundamentos da eficiência no consumo de energia. Para aqueles que desejarem fazer medições, cálculos, modelagens e pesquisas posteriores, foi incluída, no final desta obra, uma bibliografia dos textos-chave e algumas das fórmulas básicas que estão por trás das regras.

Esta 2ª edição tem um novo propósito: alinhar-se à declaração amplamente divulgada em 2019 de que nos encontramos em uma emergência ambiental e climática global. Mesmo que este livro ainda trate da redução do consumo energético por meio do projeto passivo – a prioridade unânime quando se trata da construção de edificações que funcionam com emissão zero de carbono – os impactos que os prédios têm nas emissões e as relações entre energia incorporada e as emissões de carbono para operação agora estão incluídos nas regras básicas desta obra. A bibliografia também passa a incluir a resposta à emergência climática do setor da construção civil, com uma ampla lista de publicações de inúmeras instituições renomadas [Royal Institute of British Architects (RIBA), American Institute of Architects (AIA), London Energy Transformation Initiative (LETI), Chartered Institution of Building Services Engineers (CIBSE), World Green Building Council (WGBC), entre outras], que nos oferecem diretrizes, objetivos e planos de ação enquanto continuamos aprendendo sobre o que realmente é utilizado na construção e como podemos executar, operar e ocupar nossos prédios.

As edificações existem para modificar o clima – não importa quais são as condições externas – e criar um ambiente interno confortável. No caso das novas edificações, isso se consegue mediante um processo integrado que começa com a análise da situação e localização do prédio, passa às decisões sobre orientação solar e forma arquitetônica e, então, volta ao projeto da "pele" da edificação (i.e., suas paredes externas, cobertura e piso – chamada de *vedações externas* nesta obra) e aos espaços internos. A etapa final é aquela em que os usuários, após a ocupação do espaço, decidem se a edificação conseguiu criar um ambiente confortável e – caso isso não ocorra – eles próprios a tornam confortável, em geral consumindo energia para aquecê-la ou resfriá-la. Existe uma máxima que diz que "os prédios não consomem energia, as pessoas é que a consomem", então as regras básicas que criamos promovem uma arquitetura robusta e intuitiva na qual os usuários são encorajados a controlar seus próprios ambientes internos e a aprender a fazê-lo.

O processo de projeto descrito anteriormente se reflete na organização deste livro. Vale observar que as primeiras decisões de projeto são mais permanentes que as posteriores. Por exemplo, a menos que o resultado seja uma forma de arquitetura "transportável", a implantação e orientação de um prédio é imutável uma vez que ele foi construído, ao passo que suas vedações podem ser aprimoradas com o acréscimo de isolamento ou como resposta à disponibilização de novas tecnologias. As decisões de arquitetura tomadas no lançamento do partido têm enorme impacto no consumo de energia de uma edificação. Tais escolhas são cruciais e, portanto, é melhor que sejam corretas: as regras básicas estão aqui para lhe orientar a respeito dessas ações iniciais e permanentes que conectam nossos ambientes construídos ao mundo natural e que são os ingredientes essenciais de uma arquitetura poética.

A energia incorporada (e, portanto, o carbono) é armazenada nos materiais empregados para fazer com que nossos prédios tenham baixo consumo energético, e, portanto, fizemos alguns ajustes nas regras básicas desta edição a fim de refletir essa relação. A inclusão de uma regra básica de precaução sobre as consequências imprevistas deve interessar àqueles envolvidos em reformas com baixas emissões de carbono. Os prédios continuam sendo construídos para as pessoas, e recentemente têm sido feitas muitas pesquisas acadêmicas de fisiologia, bem como estudos sobre o que constitui o conforto humano e como podemos medi-lo. Grande parte desses estudos apontam para uma relação mais íntima do que imaginávamos entre energia, conforto, saúde e bem-estar nas nossas edificações – e, agora, esse tema é destacado nas regras básicas. Nesta edição, há uma nova regra para o modo pelo qual o tamanho e o formato de um prédio afetam seu consumo energético, e outra (inspirada nos ensinamentos do escritor e professor Baruch Givoni, 1919–2019) leva em consideração a arquitetura adaptável ao clima, da qual existem inúmeros exemplos vernaculares, uma ideia que permanecia dormente até pouco tempo. Algumas regras, como a da parede de Trombe, cujo uso era quase experimental, talvez ainda sejam consideradas como um ponto fora da curva, mas os avanços na modelagem energética têm levado ao seu surgimento recente tanto em prédios residenciais quanto públicos em várias regiões climáticas, incluindo na América do Sul e no norte da Europa; então, essas regras continuam firmes, nos inspirando nas inovações em busca do baixo consumo energético.

Nesta edição, incluímos um novo recurso nas regras ("ver..."), fazendo relações entre aquelas regras que são uma chamada para ação e aquelas que oferecem soluções concretas e práticas para agirmos. Esta edição usa a notação CO_2 para dióxido de carbono, mas também adota o uso hoje popularizado da palavra carbono tanto para o CO_2 operacional como para o incorporado. Também há uma seção "Dez leituras excepcionais", na qual o autor lista textos essenciais que influenciaram a redação desta obra e que talvez lhe inspirem para continuar lendo.

O livro busca ser relevante no mundo inteiro, o que impõe diversos desafios ao autor e ao leitor. Uma dificuldade que todos os professores da disciplina de projeto de arquitetura enfrentam é se referir a onde o sol está, um fator fundamental e que influencia muitas das regras básicas. Quando nos referimos à fachada de uma edificação que está orientada para o sol do meio-dia, o termo "elevação sul" (ou "fachada sul") está correto para o Hemisfério Norte, mas, no Hemisfério Sul, o Sol cruza o céu ao norte, então a fachada voltada para o sol é a "elevação norte" (ou "fachada norte"). Optei por usar principalmente as denominações bastante peculiares (mas efetivas) "fachada orientada para o sol" ou "fachada sul" (fachada norte, no Hemisfério Sul) e, ocasionalmente, "fachada orientada para a linha do Equador". Já a elevação oposta é chamada – algo novamente um pouco estranho – de "fachada sem orientação solar".

As regras básicas desta obra são aplicáveis às regiões climáticas atuais e às incertezas que o futuro nos reserva. Por exemplo, algumas regiões temperadas começaram a ter climas temperados mais parecidos aos climas com verões quentes e invernos frios que discutimos neste livro, o que vale dizer que as regras que atualmente aplicamos ao inverno em regiões frias e ao verão em regiões quentes deverão ser reavaliadas. As regras mostram como nossos prédios podem ser resilientes e adaptáveis a climas cada vez mais imprevisíveis. Por meio de sua simplicidade, elas promovem a criatividade na construção de edificações sintonizadas com o mundo natural ao mesmo tempo que resolvem os grandes desafios ambientais de nossa época, forjando novas simbioses entre pessoas, edificações e clima.

Resta ver o que faremos com o corpo de recentes pesquisas sobre ambientes internos instigadas pela pandemia do coronavírus, mas os prédios que trabalham com as forças da natureza (e não contra elas) sempre buscaram ser edificações saudáveis e seus atributos também parecem ser aqueles que podem nos ajudar a nos mantermos seguros em períodos de contágio invisível.

Esta 2ª edição foi influenciada por pesquisas feitas sobre assuntos do mundo natural tão diversas quanto os efeitos não visuais da luz diurna após a descoberta de um novo receptor no olho humano, o que podemos aprender sobre o potencial biomimético das plantas fotoperiódicas ou os sistemas de ventilação passiva do cão-da-pradaria de cauda preta.

Após usar as regras básicas para minimizar o uso da energia operacional, o segundo volume desta série, *101 regras básicas para edifícios e cidades sustentáveis*, vai orientar o leitor a usar os recursos globais de maneira sustentável, como projetar para a saúde e o bem-estar humanos, quais são as opções de fontes energéticas renováveis e alternativas e que estratégias podemos adotar para fazer edificações que funcionem com saldo energético positivo, em sintonia com os ecossistemas de nosso planeta.

1
TRABALHAR COM A SITUAÇÃO E A LOCALIZAÇÃO

- Sol e sombra
- Clima e microclima
- Proteção contra o vento e a chuva

1 As edificações consomem a metade da energia e emitem 40% de todo o CO_2 do mundo

Metade da energia gerada no mundo é utilizada para construir e operar nossos prédios, e 3/4 de toda a energia consumida por nós ainda provém de combustíveis fósseis. Nossos prédios são responsáveis por 40% de todas as emissões globais de CO_2. Sem dúvida, a descarbonização do setor da edificação e construção em geral – o maior gerador de gases do efeito estufa do mundo – é fundamental, caso queiramos alcançar os objetivos urgentes para fazer frente às mudanças climáticas.

Ver Regra 34

REGRA 1

Carbono incorporado

Edificações

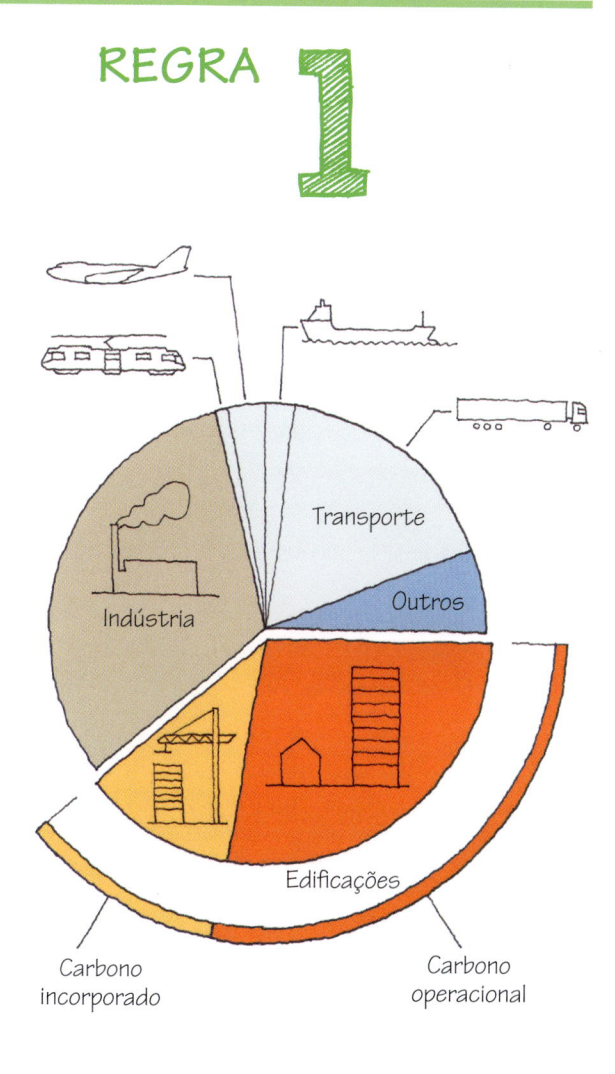

Carbono operacional

Indústria

Transporte

Outros

Emissões globais de CO_2

2 Pense antes de construir

As edificações duram muito tempo e consomem energia ao longo de todas as suas vidas úteis, então construí-las ou não é uma questão muito importante. A resposta pode ser reformar, reorganizar, adotar uma nova estratégia de negócio ou mesmo mudar sua própria vida em vez de construir algo novo, e essa talvez seja a solução de menor consumo de energia no longo prazo. Considere todas as opções.

REGRA 2

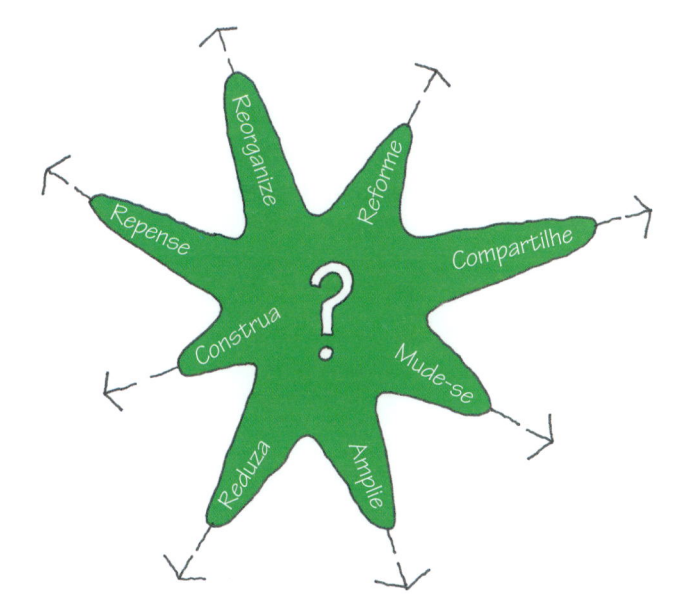

- Repense
- Reorganize
- Reforme
- Compartilhe
- Mude-se
- Amplie
- Reduza
- Construa

3   O sol nasce no leste e se põe no oeste

Vale a pena nos lembrarmos dessa regra tão básica. Todavia, também é importante se lembrar de que, mesmo fora das regiões equatoriais, no inverno das latitudes do Hemisfério Norte, o sol nasce a sudeste e, no verão, a nordeste. Isso significa que, em tais regiões, no verão, a face norte de uma edificação pode ter uma exposição solar muito breve, enquanto, no inverno, o sol jamais aquecerá a fachada norte daquele prédio. No Hemisfério Norte, após nascer, observaremos que o sol cruzará o céu pelo sul. O inverso é verdadeiro ao sul da Linha do Equador.

REGRA 3

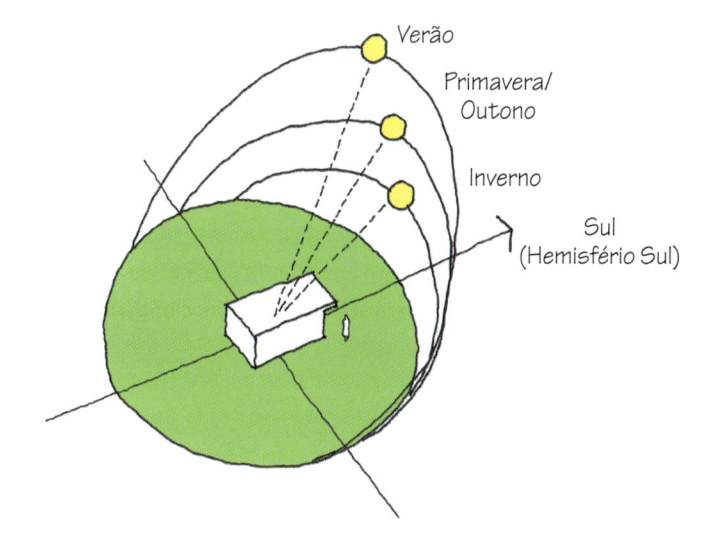

Verão
Primavera/ Outono
Inverno
Sul (Hemisfério Sul)

4 A altura do sol em relação ao horizonte determina muitos dos aspectos de uma arquitetura responsiva ao clima

Em dezembro, ao meio-dia, a altura solar máxima (em relação ao horizonte) no Brasil é cerca de 82°. Esse ângulo varia de acordo com a latitude e é isso que, em parte, torna cada localização individual única na Terra. O diagrama à direita mostra os ângulos solares de várias cidades ao redor do mundo em dezembro. Com o uso de cartas solares (também chamadas de diagramas solares) ou das calculadoras que temos na internet – simples de usar –, podemos descobrir a posição do sol a qualquer horário do dia e em qualquer período do ano. Saber a posição relativa da Terra e do Sol, ou seja, a geometria solar, é um importante aspecto de uma arquitetura que pretenda ser responsiva ao clima.

Ver Regras 7, 8 e 27

REGRA 4

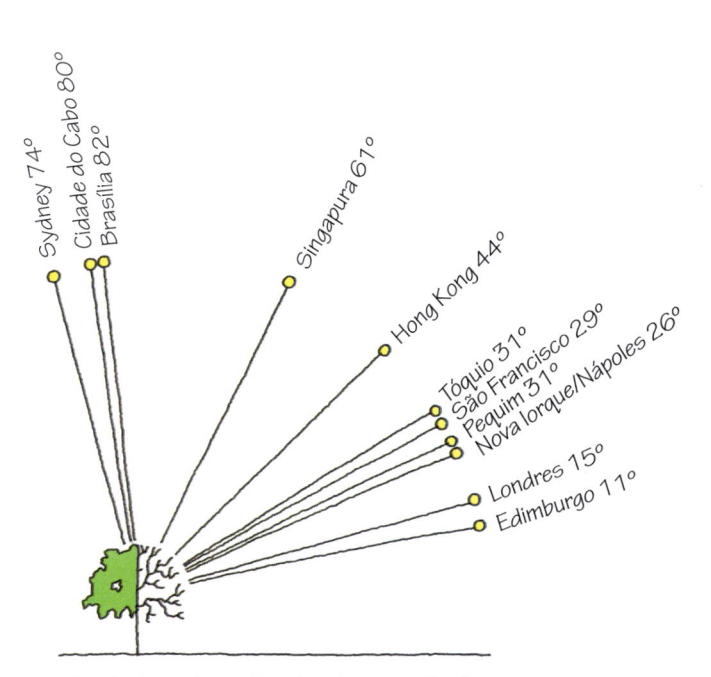

- Sydney 74°
- Cidade do Cabo 80°
- Brasília 82°
- Singapura 61°
- Hong Kong 44°
- Tóquio 31°
- São Francisco 29°
- Pequim 31°
- Nova Iorque/Nápoles 26°
- Londres 15°
- Edimburgo 11°

21 de dezembro: o ângulo solar ao meio-dia em diferentes locais do planeta.

5 Os raios solares se transformam em calor quando entram em contato com qualquer superfície

O modo como isso ocorre se baseia na mecânica quântica. Simplificando, a Terra e tudo que está sobre ela é aquecido pelo Sol, tornando possíveis todas as formas de vida. O aquecimento da Terra também resulta no clima e no tempo, que variam enormemente conforme o local onde estamos no planeta.

REGRA 5

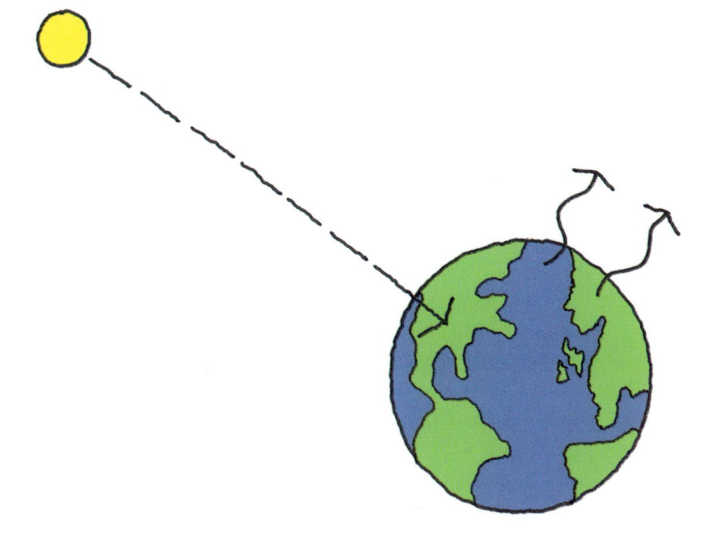

6 Se você não quer que o interior aqueça, deixe o sol lá fora

Assim como a Terra é aquecida pelo Sol, o mesmo acontece com qualquer superfície sobre a qual os raios solares incidem. Esta regra é importante porque, se você estiver evitando o superaquecimento do interior de um prédio, deverá evitar que os raios solares entrem diretamente: uma vez que a luz solar entrou, é tarde demais para impedir que os raios solares se transformem em calor.

Ver Regras 8 e 27

REGRA 6

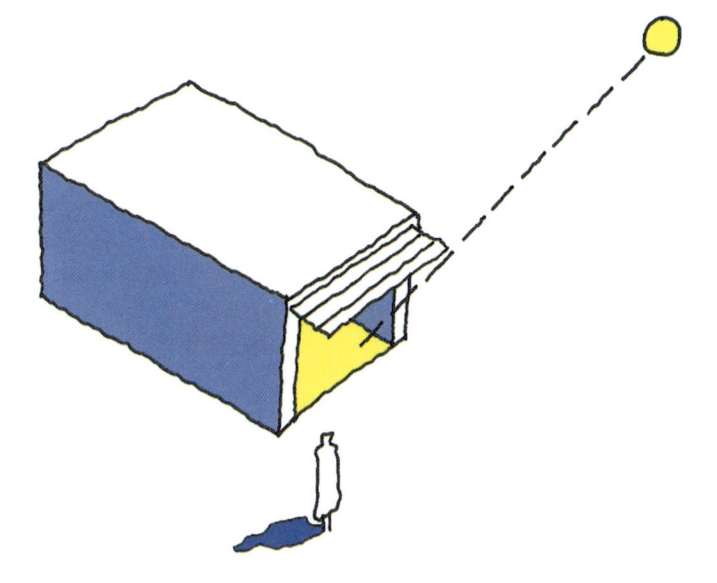

7 Colete a energia do sol baixo do inverno – esta é uma fonte de calor gratuita

No inverno, o sol está baixo no céu, então seus raios conseguem penetrar fundo nos espaços se não forem barrados, trazendo consigo calor de graça e com emissão zero de carbono.

Ver Regras 3 e 43

REGRA 7

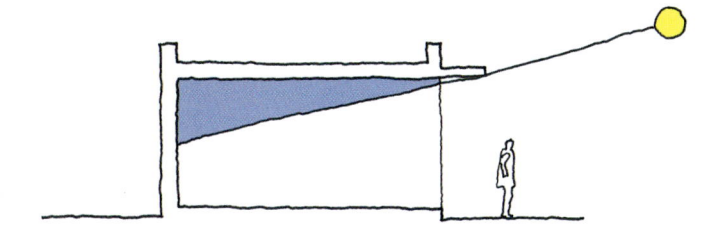

8   Previna o superaquecimento no verão

No verão, o sol está alto no céu, alcançando, em junho, um ângulo máximo de cerca de 62° em relação ao horizonte em Londres, de 73° tanto em Pequim quanto em Nova Iorque e de 83° no Cairo. Em Sydney, em dezembro, o sol chega a ficar 80° acima do horizonte. Nas janelas orientadas para o sol, um simples elemento de proteção solar pode evitar que esse sol muito alto entre na edificação. Uma regra básica para estimar a profundidade de uma projeção instalada perto da verga da janela é usar 60 a 90 cm em latitudes intermediárias e, pelo menos, 120 cm nas latitudes perto da Linha do Equador, nas quais deveria ser empregada uma combinação entre projeções verticais e horizontais.

Ver Regras 27–30

REGRA 8

9 A topografia do terreno ajuda a determinar a localização de um prédio

A topografia (a forma do solo) deve ser estudada antes que você comece a projetar. A direção e intensidade do vento são afetadas pelas colinas, pelos vales e por outros acidentes topográficos naturais. Além disso, em vales e terrenos montanhosos, os padrões eólicos muitas vezes mudam do dia para a noite. A direção do vento predominante pode ser lida observando-se a direção para a qual a grama do terreno pende.

REGRA 9

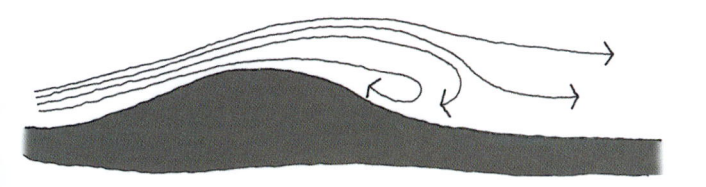

10 Um quebra-ventos reduzirá pela metade a velocidade do vento e diminuirá o resfriamento das vedações externas

Um anteparo contra o vento (ou cinturão verde) influenciará significativamente o seu impacto. Implantar uma edificação a sota-vento (i.e., no lado de pressão negativa) de um anteparo bem projetado pode resultar em economias de 15 a 20% nos gastos com calefação, pois se reduzem as perdas térmicas das vedações externas. Posicione o prédio a uma distância equivalente a cinco vezes a altura do quebra-ventos. Lembre-se: nas regiões tropicais, você deve permitir – e não barrar – a passagem das brisas.

REGRA 10

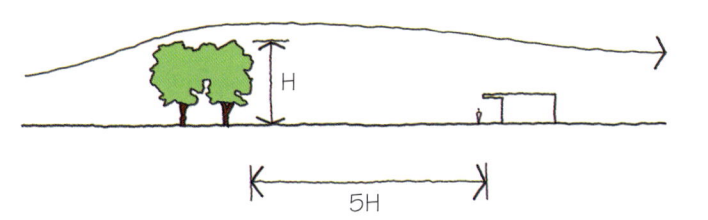

![Diagrama mostrando árvore de altura H e edificação a uma distância de 5H](figure)

H

5H

11 A velocidade do vento será influenciada por um quebra-ventos a uma grande distância

A velocidade do vento será reduzida ao longo de um percurso equivalente a cerca de 20 vezes a altura do anteparo; então, até mesmo cinturões verdes muito distantes contribuirão para a redução do consumo de energia. Protegido do vento frio, o entorno imediato de uma edificação se tornará um lugar agradável, em vez de evitável.

REGRA 11

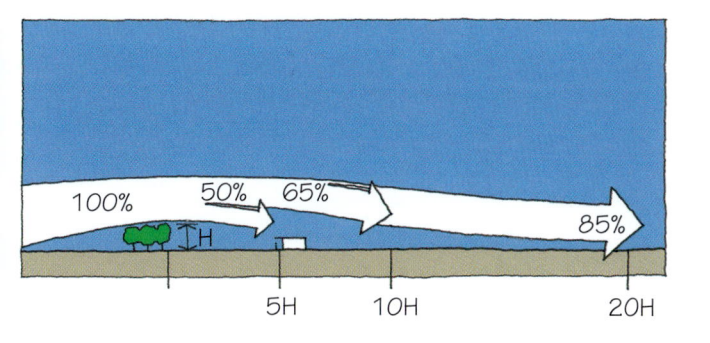

12 A presença da água é uma fonte de refrigeração gratuita

Um corpo d'água, como um lago ou o mar, influenciará a temperatura e a umidade relativa do ar. Durante o verão, a água que foi exposta ao céu noturno resfriará a brisa que passa sobre ela durante os dias de calor – um processo chamado resfriamento evaporativo. Implante a edificação de tal modo que as brisas refrescadas pela água sejam direcionadas para ela. Na orla marítima, as brisas diurnas devem ser aproveitadas, orientando-se os prédios para o mar em climas e estações úmidas e quentes e eliminando a necessidade de aparelhos de ar condicionado.

REGRA 12

13 Evite o sombreamento excessivo no inverno, pois ele resfriará as vedações externas

Deve-se manter a pele de uma edificação aquecida nos climas e estações mais frios. Se ela estiver sombreada, mais energia será necessária para que se obtenha condições térmicas de conforto nos interiores. Implante o prédio na área mais quente do lote, fora da sombra e, nos locais onde neva, opte pela área onde a neve derrete mais rapidamente quando chega a primavera.

REGRA 13

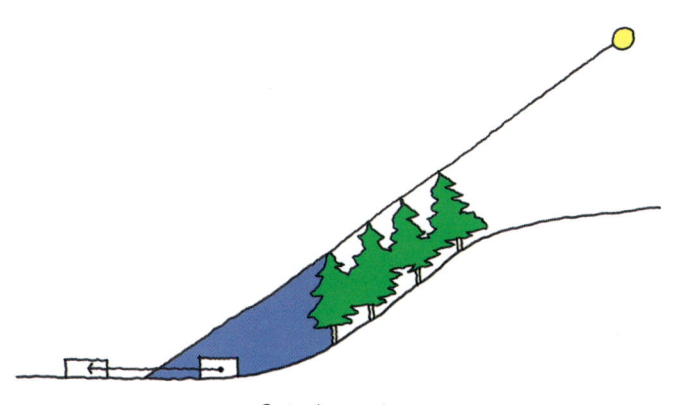

Saia da sombra

14 As árvores podem proporcionar sombreamento no verão e permitir ganhos térmicos solares no inverno

As árvores podem ser recursos de proteção solar muito úteis. As espécies decíduas podem barrar até 85% da radiação solar durante o verão. No inverno, quando estão caducas (sem folhas), elas permitem que até 70% da energia do sol cruze seus galhos nus. Entretanto, seria necessário usar uma árvore muito grande para sombrear quase totalmente uma fachada orientada para o sol durante o verão, e a proximidade da árvore (especialmente de suas raízes) poderia acarretar outros problemas tanto para a própria árvore como para a edificação. Uma regra simples é usar um meio-termo, posicionando a árvore de modo que sua copa fique fora de uma linha desenhada a 45° da base da edificação, como vemos no diagrama inferior à direita.

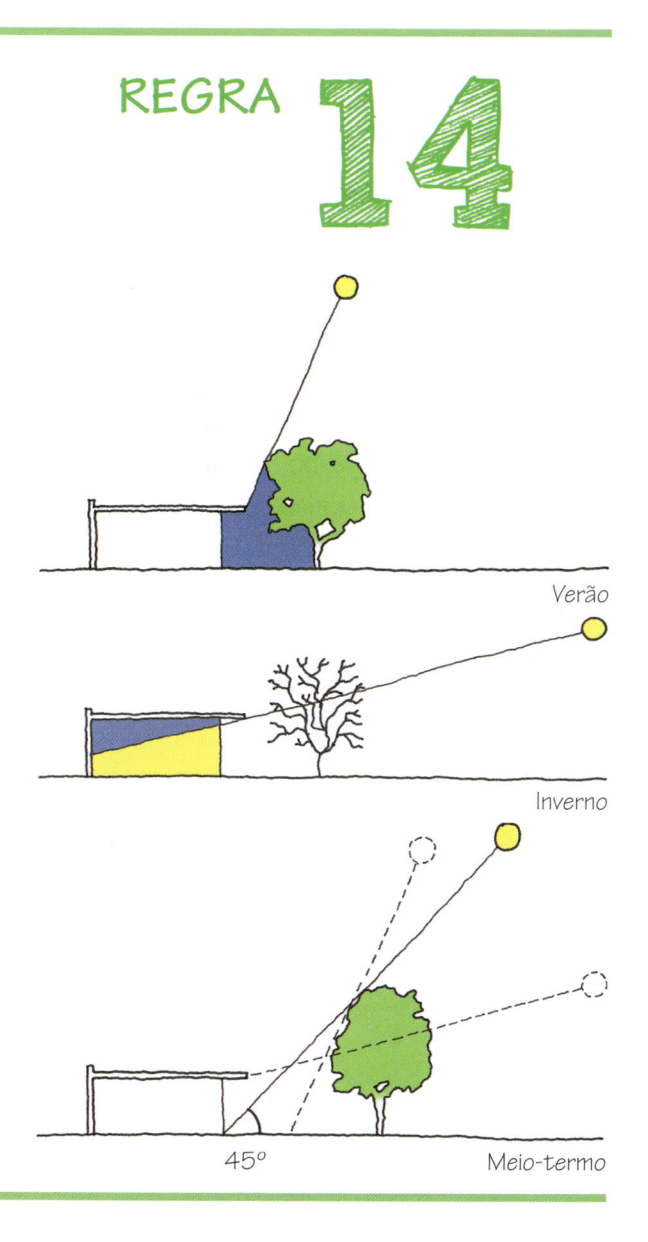

101 regras básicas para uma arquitetura de baixo consumo energético **33**

REGRA 14

Verão

Inverno

45°   Meio-termo

15 Use o paisagismo para a refrigeração gratuita no verão

A vegetação pode ser empregada não só para redirecionar o percurso dos ventos, mas também para auxiliar na redução da temperatura das brisas. O solo sombreado por uma árvore ou outro tipo de planta ficará mais fresco do que o seu entorno; assim, as brisas quentes serão resfriadas ao passarem sobre ele. Esta regra é válida tanto para áreas urbanas como rurais, onde árvores e espaços verdes também trazem outros benefícios: absorvem CO_2, melhoram a qualidade do ar e contribuem para nossa saúde e bem-estar. Os jardins verticais podem ser a resposta em ambientes urbanos quentes e úmidos nos quais as áreas verdes são limitadas.

REGRA 15

16 Proteja do vento e da chuva

O vento e a chuva reduzem a temperatura das vedações externas de uma edificação, acarretando o aumento do consumo de energia para aquecer o interior em climas e estações frios. Os beirais podem proteger da chuva. Já os quebra-ventos podem assumir diferentes formas, todas as quais podendo contribuir para a arquitetura de um projeto:

- árvores
- cercas vivas
- cercas
- muros ou jardins verticais
- pátios internos

REGRA 16

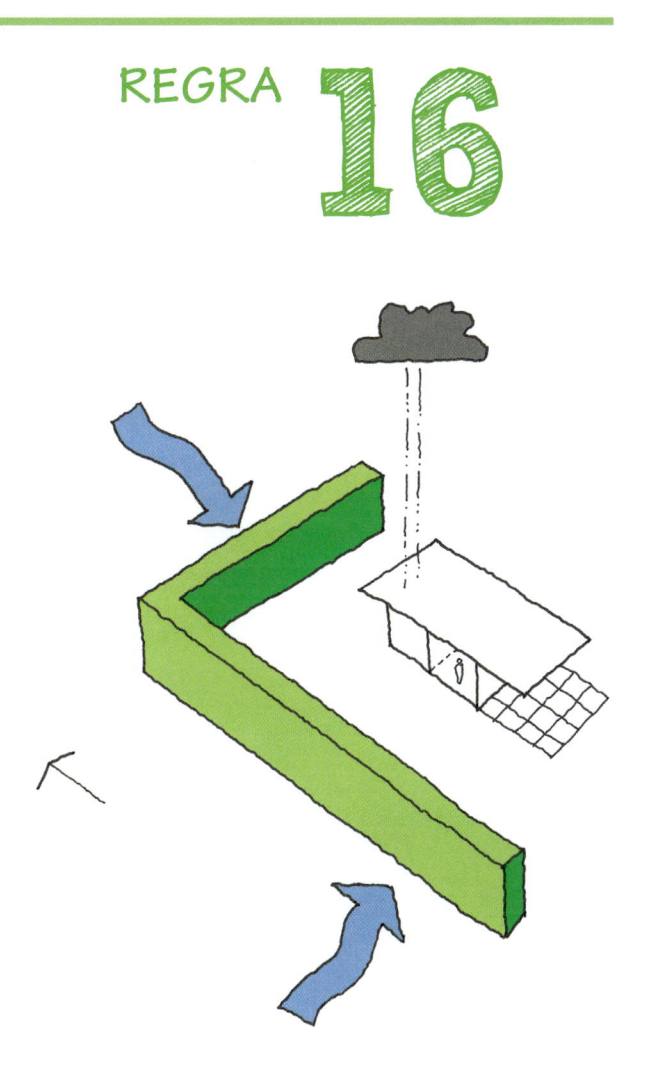

17 A forma construída cria um microclima

Uma edificação não funciona de forma isolada; ela está inserida em um sistema energético mais amplo conhecido como seu microclima. Os prédios e seus entornos influenciam uns aos outros por meio deste clima localizado, que pode ser modificado pela forma construída, pelos materiais utilizados e pelo paisagismo a fim de tornar os espaços externos aproveitáveis o ano inteiro, e os espaços internos mais confortáveis e saudáveis. As edificações que protegem a si próprias e umas às outras dos ventos frios consomem menos energia. Lembre-se, contudo, de que, em certas regiões e estações, e em particular em nossas cidades, o vento pode ser uma força de resfriamento bem-vinda ao remover o ar quente e viciado.

Ver Capítulo 5

REGRA 17

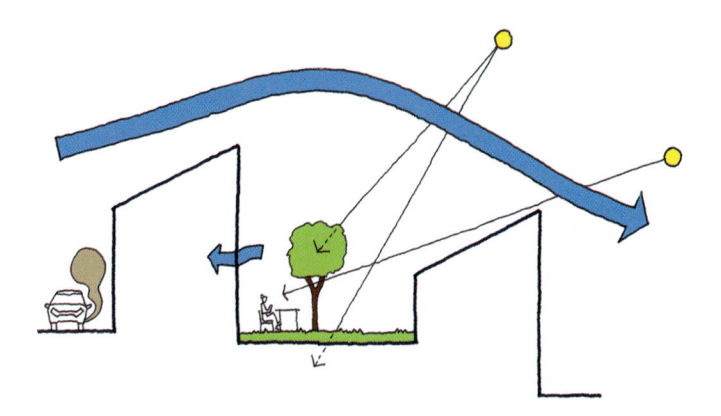

18 Um cinturão de árvores a oeste pode projetar uma sombra, barrando o sol do final da tarde

O posicionamento cuidadoso de um cinturão de árvores na divisa oeste de um terreno edificado pode proteger o prédio do forte calor gerado pelo sol no final das tardes de verão. Contudo, é preciso certificar-se de que o calor benéfico do sol de inverno também não seja bloqueado, se estivermos projetando em zonas com clima temperado ou frio. Um cinturão de árvores a leste pode ser igualmente benéfico em um clima quente, no qual o sol da manhã é bastante intenso.

REGRA 18

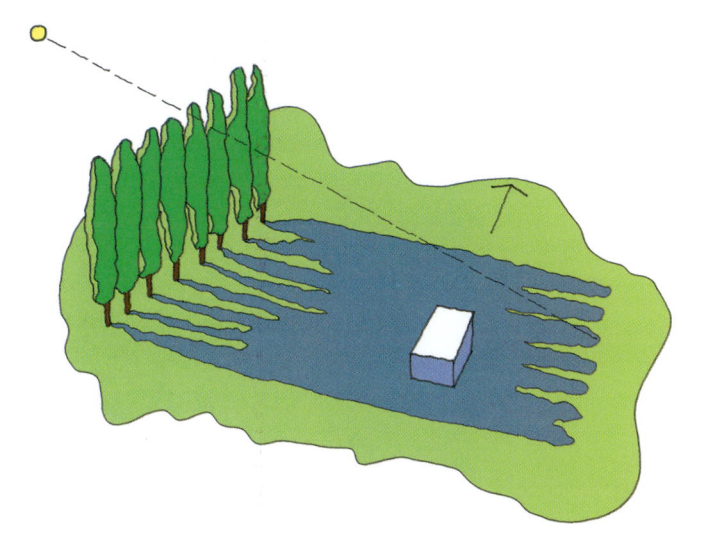

19 "O clima é o que você espera, o tempo é o que recebe."

Foi o autor de obras de ficção científica, Robert Heinlein, que elaborou essa regra útil. O tempo em Paris pode estar atipicamente frio, com nevascas previstas, mas o clima de lá continua sendo temperado. O tempo, que existe na fina camada que envolve a Terra, é uma medida da atmosfera em um momento particular. Já o clima se relaciona com a condição da atmosfera em um longo período de tempo. Ambos devem ser estudados para que saibamos a quais condições uma edificação deverá responder.

Ver Regras 22–25

REGRA 19

2

MANIPULAR A ORIENTAÇÃO SOLAR E A FORMA ARQUITETÔNICA

- A relação entre o sol e o vento
- O impacto da forma arquitetônica

20 Aprenda com a população local

A arquitetura autóctone ou vernacular tende a proporcionar o conforto térmico mediante o uso da energia e dos recursos locais, ambos limitados. Podemos tirar lições tanto do passado quanto do presente, observando os locais onde as populações vivem modestamente, sintonizadas com o clima de sua região. Sempre analise a arquitetura vernacular local, buscando pistas sobre como as edificações funcionam.

Ver Capítulo 5

REGRA 20

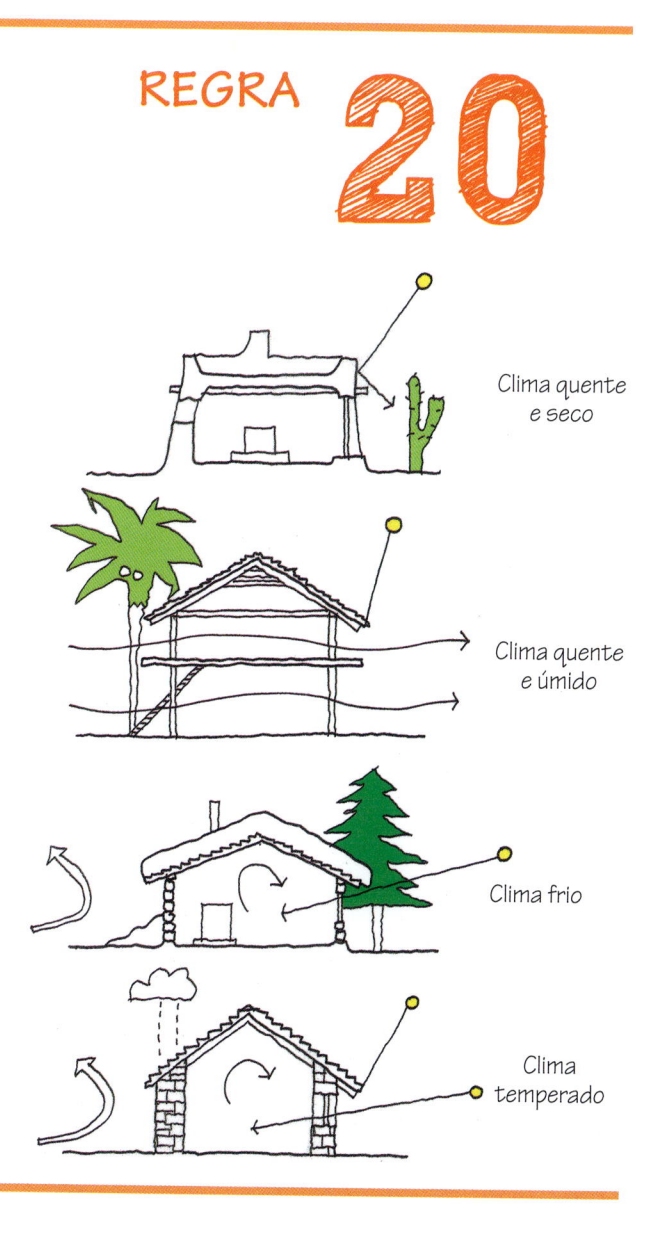

Clima quente e seco

Clima quente e úmido

Clima frio

Clima temperado

21 Trabalhe junto com as forças da natureza – e não contra elas

A compreensão e o aproveitamento das forças da natureza sobre as edificações são a chave para uma arquitetura responsiva ao clima. A Terra está inclinada em relação a seu eixo, o que cria as estações, e sua rotação influencia os ventos. Os impactos do sol e do vento sobre um local resultarão de uma combinação de latitude e longitude, da proximidade do mar, das montanhas (elevação) e dos desertos. Lembre-se: em junho é verão em Nova Iorque, mas inverno em Sydney.

Ver Regras 24 e 33

REGRA 21

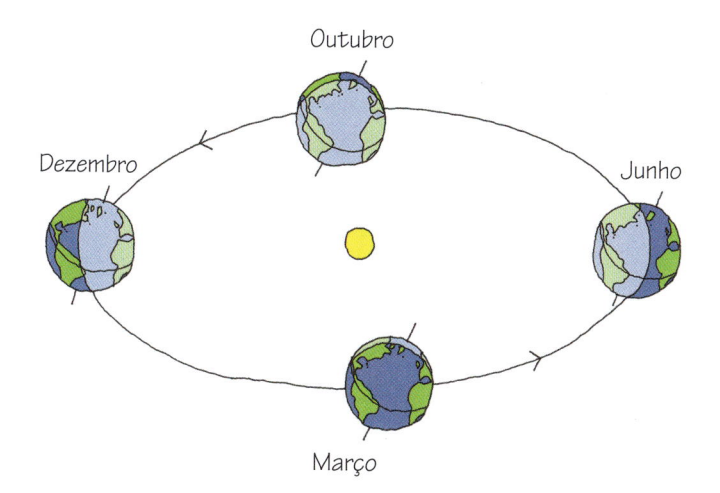

Outubro
Dezembro
Junho
Março

22 A força do Sol varia ao redor do planeta Terra

Até uma latitude de 15° norte ou sul, o superaquecimento é a maior preocupação relacionada com o clima. Neste caso, as elevações leste e oeste de uma edificação estão sujeitas aos mais fortes ganhos térmicos solares, e o aquecimento de inverno não é um grande problema. Fora dessa faixa, a fachada orientada para o sol (fachada sul no Hemisfério Norte e fachada norte no Hemisfério Sul) é a que recebe a maior quantidade de radiação solar, que pode ser aproveitada para a calefação gratuita no inverno, mas que também pode resultar em ganhos térmicos indesejáveis, acarretando o superaquecimento durante o verão.

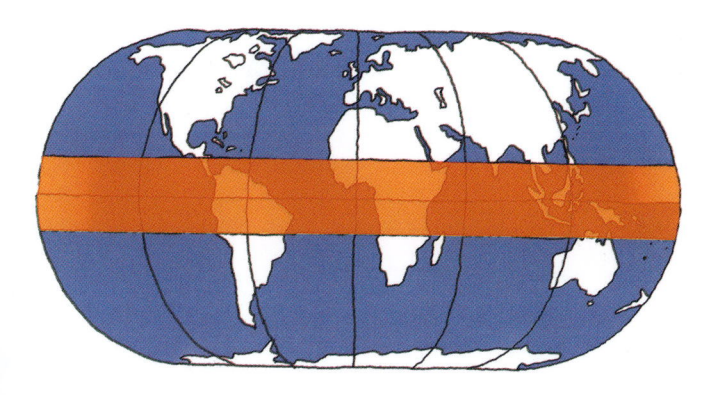

101 regras básicas para uma arquitetura de baixo consumo energético **51**

REGRA 22

23 Os movimentos globais do ar seguem um padrão

Impulsionados pelo aquecimento variável do sol sobre a Terra e influenciados pelo movimento de nosso planeta, os movimentos globais do ar seguem um padrão. O problema do superaquecimento equatorial discutido na Regra 22 é um bom exemplo da relação entre o sol e o vento: em uma faixa de latitude de 15° norte e sul em relação à linha do Equador, as janelas devem ser mínimas nas fachadas leste e oeste, a fim de evitar os ganhos térmicos, mas os ventos alísios leste tornam a ventilação desejável, então aberturas bem desenhadas e com sombreamento são uma boa solução nessas zonas climáticas.

REGRA 23

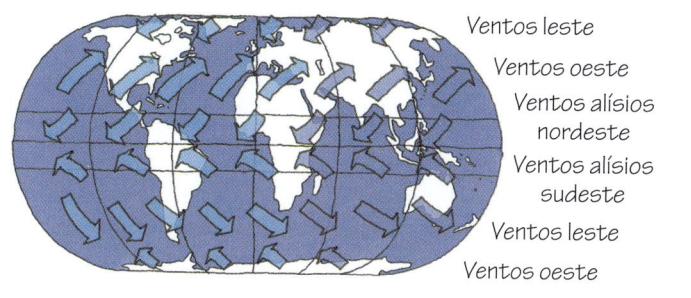

Ventos leste
Ventos oeste
Ventos alísios nordeste
Ventos alísios sudeste
Ventos leste
Ventos oeste

24 Associe o sol ao vento dominante

A posição e duração do sol e do vento dominante variam conforme a estação. Saber a relação entre essas duas forças poderosas permite ao projetista manipular a orientação e a forma da edificação, a localização de seus espaços internos e a posição, o tamanho e o projeto das aberturas, a fim de tirar partido da calefação, do resfriamento e da ventilação gratuitos. Por exemplo, em um clima do Hemisfério Norte, os ventos dominantes no verão são sul (i.e., vêm do sul); assim, as aberturas nas elevações sul podem proporcionar a ventilação para o resfriamento sem acarretar ganhos térmicos, desde que sejam protegidas do sol.

Ver Regra 17

REGRA 24

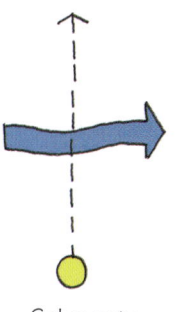

Sol e vento perpendiculares

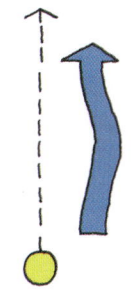

Sol e vento na mesma direção e sentido

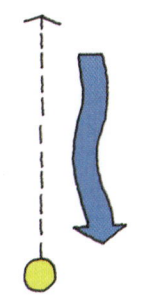

Sol e vento na mesma direção, mas em sentidos opostos

25 O vento influencia o consumo de energia

Embora os movimentos do ar globais sigam um padrão, os ventos – influenciados pelos sistemas do tempo – são muito variados. Em uma localização qualquer, a quantidade de tempo que o vento sopra de diferentes direções e sua intensidade e temperatura durante tais momentos são fatores importantes para o projeto de uma edificação de baixo consumo energético. Talvez ali o vento sudeste seja considerado dominante, mas o vento mais forte ou mais frio pode ser o leste. Saber as variações mensais mediante a análise dos dados históricos sobre os ventos nos permite planejar uma edificação que responda a isso.

Ver Regras 16, 17 e 26

REGRA 25

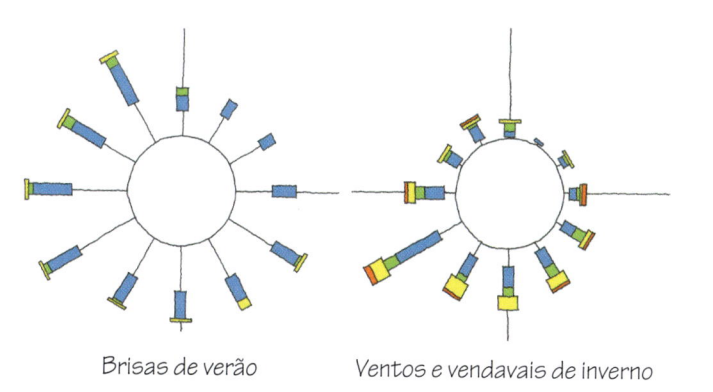

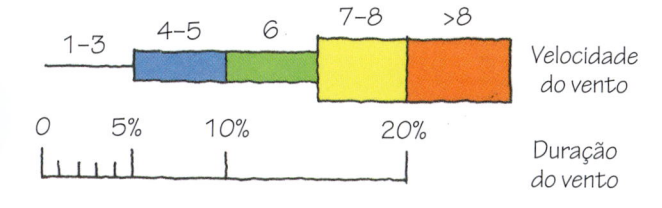

Brisas de verão   Ventos e vendavais de inverno

1-3   4-5   6   7-8   >8   Velocidade do vento

0   5%   10%   20%   Duração do vento

26 "Cômodos frios para o norte, cômodos quentes para o sul": crie uma zona de transição térmica

Uma estratégia inteligente é planejar sua edificação de tal modo que os recintos que exigem pouca ou nenhuma calefação (como dormitórios, banheiros e depósitos) sejam ocupados apenas ocasionalmente, e aqueles que geram seu próprio calor (cozinhas, escritórios) sejam localizados junto à fachada sem orientação solar, servindo como uma zona de amortecimento térmico. A fachada sem orientação solar recebe pouco sol (ou mesmo nenhum) e pode estar sujeita aos ventos frios do inverno. Já os cômodos quentes, como as salas de estar, devem estar voltados para o sol. Essa regra se relaciona à ideia de arquitetura de espaços "de serviço e servidos": exemplos de espaços de serviço são cozinhas, banheiros, lavabos e depósitos – úteis como amortecedores térmicos para outros recintos de permanência prolongada –, e exemplos de espaços servidos são as salas, os dormitórios e outros espaços de estar, ocupados por períodos de tempo maiores.

REGRA 26

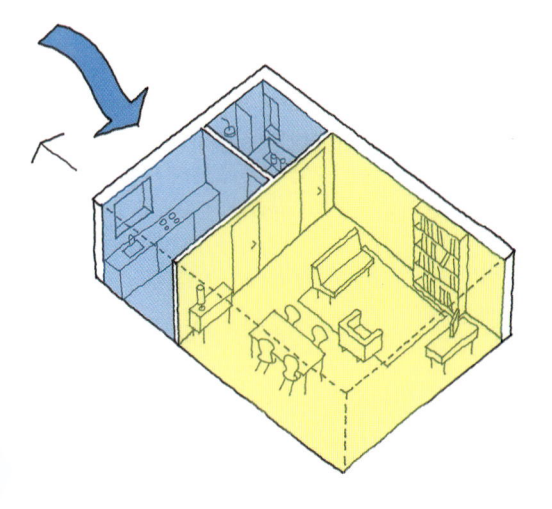

27 A fachada principal deve estar voltada para o sol

A fachada principal de uma edificação deve estar orientada para o sol (ou, pelo menos, estar a mais ou menos 30° ao norte no Hemisfério Sul ou a mais ou menos 30° ao sul, se você estiver ao norte da linha do Equador), uma vez que essa é a orientação mais fácil para evitar os ganhos térmicos solares durante o verão – uma simples orientação horizontal será efetiva – e também é a melhor orientação para coletar o calor solar gratuito e desejável no inverno. De fato, a simples seleção da orientação correta pode quase reduzir à metade o consumo energético de um prédio.

REGRA 27

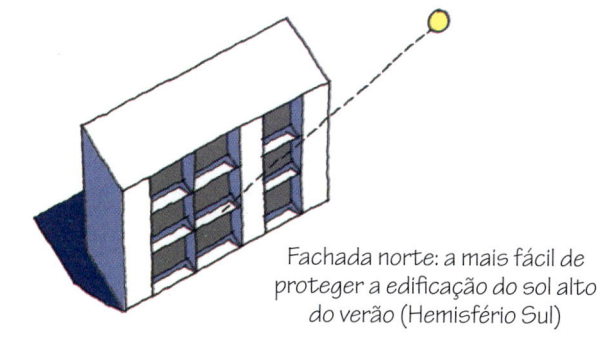

Fachada norte: a mais fácil de proteger a edificação do sol alto do verão (Hemisfério Sul)

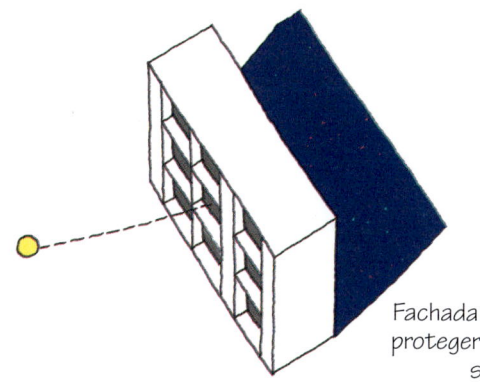

Fachada oeste: difícil de proteger a edificação do sol baixo

28 O sol fica baixo no céu a leste e a oeste

Não é apenas a altura do sol do meio-dia que pode acarretar ganhos solares térmicos indesejáveis. No início da manhã e no final da tarde, o sol fica baixo a leste e a oeste, respectivamente, e, como consequência, provocará ganhos térmicos em ambas as fachadas. A fachada oeste é exposta a um longo período de sol forte e baixo em muitas regiões climáticas. Assim, o sol baixo que incide nas fachadas leste e oeste provoca um problema distinto daquele do sol alto do meio-dia. Lembre-se, contudo, que, em algumas localidades e estações, o calor do sol do início da manhã pode ser um fenômeno natural muito bem-vindo e que deve ser aproveitado para o preaquecimento de nossos espaços de permanência prolongada, que se encontram frios naquele horário.

REGRA 28

Meio-dia

Manhã

Final da tarde

Meio-dia: superaquecimento

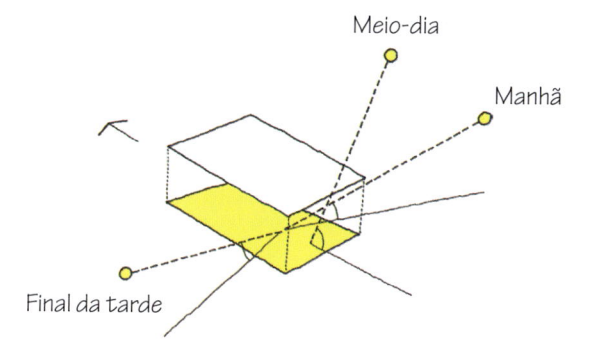

Manhã: o calor solar é provavelmente útil, mas há o risco de superaquecimento

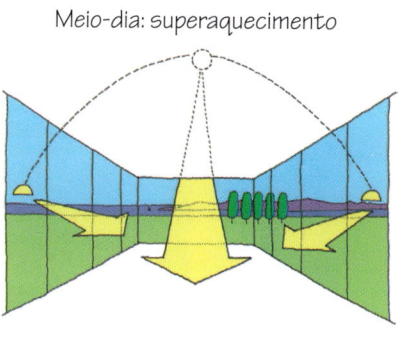

Final da tarde: superaquecimento

29 Sombreamento no verão: soluções para fachadas orientadas para o sol

O projetista tem à sua disposição uma variedade de soluções para reduzir ou eliminar o risco de ganhos térmicos solares indesejáveis. Use elementos de proteção solar externos (e não internos), pois eles prevenirão que os raios solares entrem na edificação. A alta energia incorporada de alguns elementos de sombreamento comuns pode ser compensada pela redução do consumo de energia operacional do prédio sombreado. Vejamos alguns recursos.

REGRA 29

1. Brises horizontais

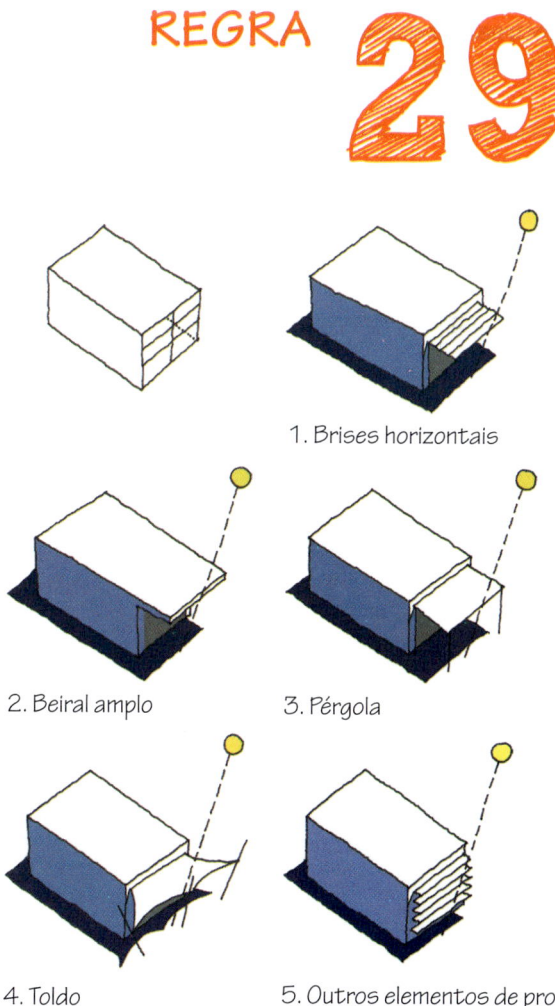

2. Beiral amplo

3. Pérgola

4. Toldo

5. Outros elementos de proteção solar que podem controlar o sol alto: brises horizontais ou prateleiras de luz.

30 Sombreamento no verão: soluções para fachadas leste ou oeste

O problema é distinto para as aberturas das elevações leste e oeste. Nessas posições, o sol está baixo, mas ainda assim pode ser forte. Em cidades com climas quentes e úmidos, quando a área de solo for limitada, os jardins verticais podem ser a melhor solução para todo o sombreamento. Algumas soluções:

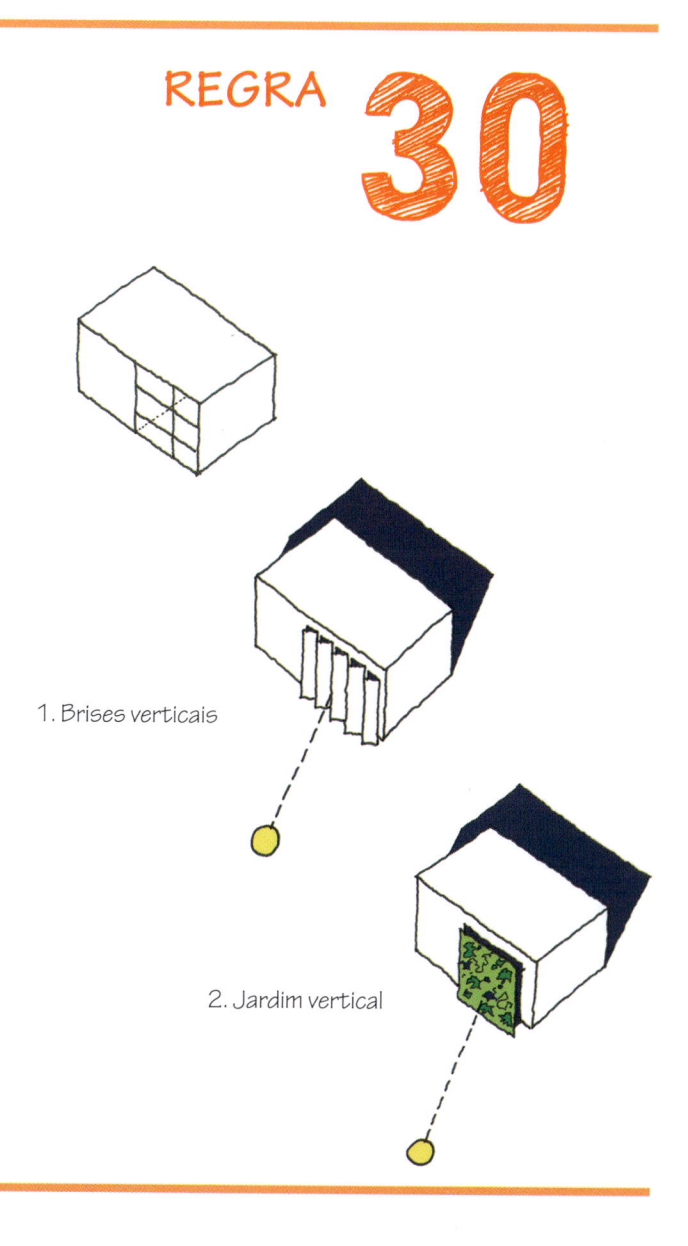

101 regras básicas para uma arquitetura de baixo consumo energético **67**

REGRA 30

1. Brises verticais

2. Jardim vertical

31 Primavera e outono: sombrear ou não sombrear, eis a questão

A geometria solar determina que a altura solar no equinócio de primavera é a mesma do equinócio de outono. Todavia, no início da primavera de um clima temperado, talvez queiramos aproveitar o aquecimento solar gratuito, enquanto no outono desejemos excluir o sol ainda inclemente.
Nesses casos, são necessárias soluções de proteção solar criativas. Duas ideias são apresentadas a seguir.

REGRA 31

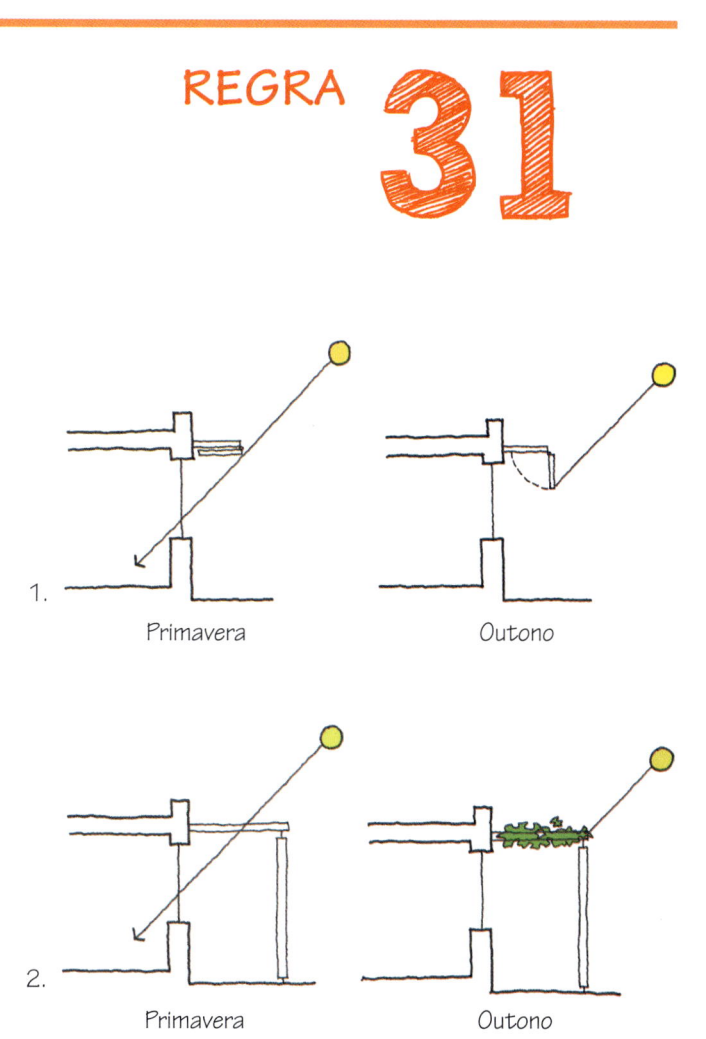

1.
Primavera — Outono

2.
Primavera — Outono

32 As edificações compactas consomem menos energia

Quanto maior for a superfície das vedações externas de uma edificação, mais energia será necessária para compensar suas perdas térmicas. Em regiões nas quais o aquecimento de inverno é necessário, um apartamento em pavimento intermediário talvez consuma menos energia do que uma casa isolada em um terreno com a mesma área de piso. Assim, medidas adicionais (inclusive o aumento do isolamento térmico) são necessárias para a redução da energia consumida pelo prédio independente que não se beneficia do isolamento oferecido por seus vizinhos. Uma moradia compacta significa o uso mais eficiente dos recursos e a redução das emissões, mas lembre-se de não comprometer a ventilação e a iluminação naturais.

… 101 regras básicas para uma arquitetura de baixo consumo energético — 71

REGRA 32

Consumo de energia máximo

Edificação isolada no lote — 1,0

Pavimento intermediário de casa em fita — 0,7

Apartamento de piso intermediário de um edifício — 0,4

Consumo de energia mínimo

33 Faça uma arquitetura adaptada às estações

A arquitetura vernacular de algumas regiões do mundo consegue se transformar à medida que as estações mudam. Seus usuários às vezes se transferem ao núcleo quente da moradia, reduzindo o número e a área de recintos que precisam de calefação no inverno, e os abrindo novamente quando retorna o clima quente. A adaptabilidade de uma edificação às estações, muitas vezes obtida com elementos de proteção de fachada móveis, também pode ser oferecida se fizermos modificações em nossos prédios a fim de controlar a insolação, a ventilação e o sombreamento. Também podemos nos inspirar na natureza: algumas plantas, conhecidas como fotoperiódicas, percebem a duração dos dias e noites e passam da dormência à floração quando a temperatura lhes é favorável.

REGRA 33

3

AS VEDAÇÕES EXTERNAS DE UMA EDIFICAÇÃO DE BAIXO CONSUMO ENERGÉTICO

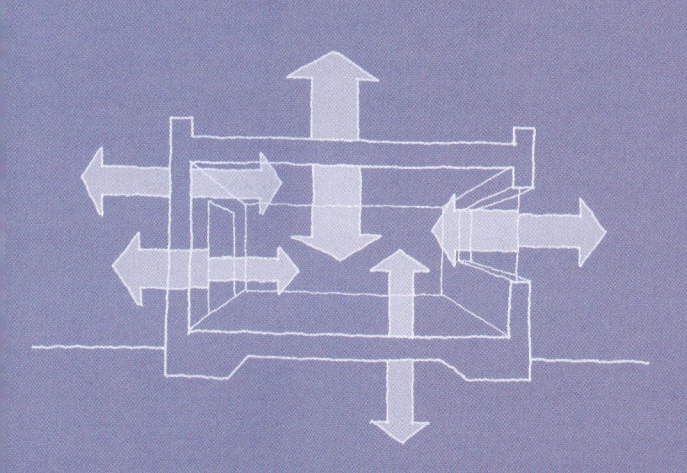

- Construções pesadas e leves
- Os momentos em que há a necessidade de calefação
- A redução das perdas térmicas

34 Pense nas emissões de carbono ao longo de toda a vida útil

Um prédio contribui para as emissões de CO_2 ao longo de toda a sua vida útil. A energia operacional, utilizada para calefação, refrigeração, iluminação, etc., emite CO_2 operacional (conhecido como carbono operacional). Mas o CO_2 também é associado aos materiais utilizados para fazer uma edificação, com sua construção, suas reformas periódicas e sua desconstrução final para reúso: isso é o carbono incorporado. A soma do carbono operacional e do carbono incorporado é o que chamamos de carbono ao longo da vida útil (ou seja, as emissões de carbono ao longo da vida útil). Desde o momento em que você começar a projetar, considere toda a vida do prédio, incluindo como ele poderia ser reusado quando essa terminar, o que seria um novo começo, com baixas emissões de carbono.

Ver Regras 2 e 35

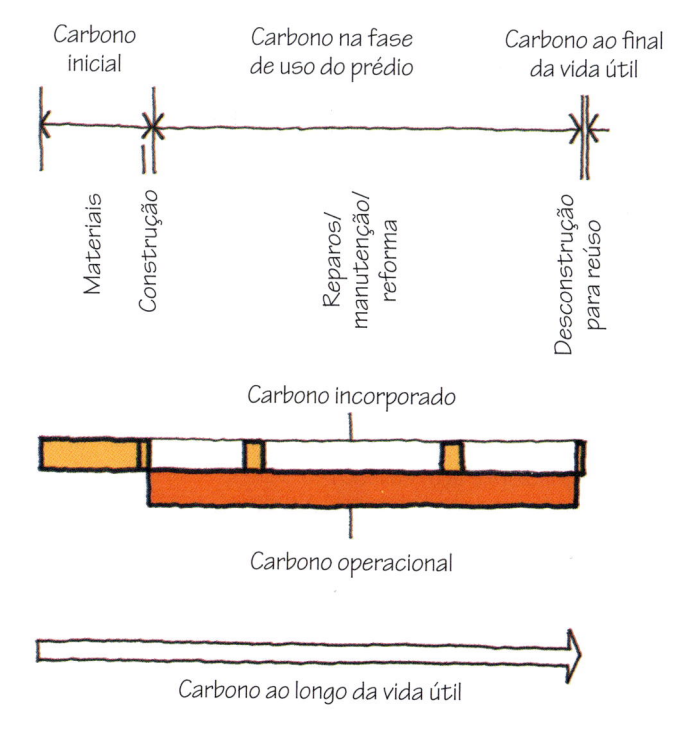

101 regras básicas para uma arquitetura de baixo consumo energético **77**

REGRA 34

Carbono inicial | Carbono na fase de uso do prédio | Carbono ao final da vida útil

Materiais | Construção | Reparos/manutenção/reforma | Desconstrução para reúso

Carbono incorporado

Carbono operacional

Carbono ao longo da vida útil

35 Use materiais sustentáveis e com baixo carbono incorporado

As vedações externas de um prédio de baixo consumo energético devem ser construídas com materiais sustentáveis e com baixo carbono incorporado. Nossa primeira escolha deve ser os materiais que já existem, na seguinte ordem de preferência: de demolição, reúso e reciclados. Contudo, lembre-se que os materiais reciclados frequentemente exigem energia e recursos adicionais para que possam ser aproveitados. Se forem necessários materiais novos, use materiais renováveis e orgânicos cujas fontes sejam de manejo sustentável. Existe uma variedade de materiais abundantes na natureza – como a terra e a pedra –, e eles devem ser obtidos em fontes próximas. Use com parcimônia todos os materiais não renováveis, e sempre busque a versão de um material com menos carbono incorporado, como:

- concreto sem cimento
- madeira e aço reusados
- aço com alto conteúdo reciclado
- isolamento orgânico

REGRA 35

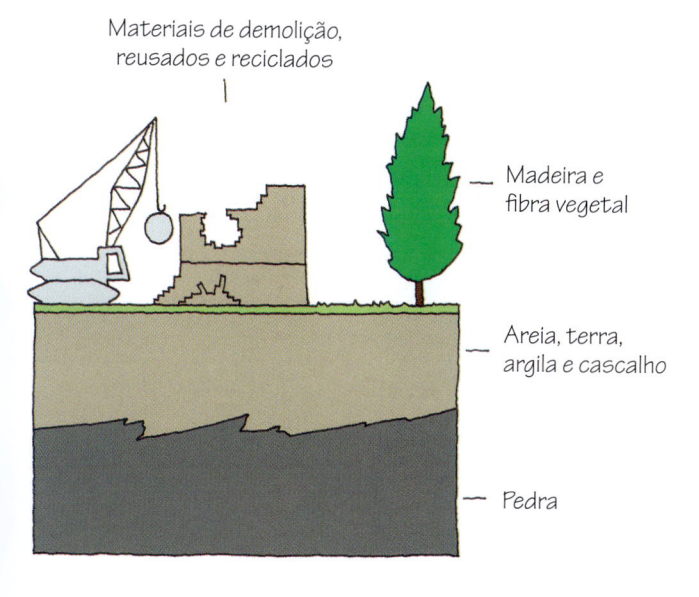

Materiais de demolição, reusados e reciclados

Madeira e fibra vegetal

Areia, terra, argila e cascalho

Pedra

36 Edificações pesadas aquecem e resfriam lentamente

As paredes densas – aquelas que têm grande massa termoacumuladora – absorvem o calor lentamente, armazenando-o. Esse calor acumulado é, então, liberado aos poucos dentro da edificação. Em edificações com grande massa termoacumuladora, a temperatura interna mais elevada ocorre no início da manhã, muitas horas depois da temperatura externa mais alta ter sido atingida. Portanto, dizemos que as edificações pesadas têm um grande retardo térmico (ou atraso térmico) – o que também é chamado de "efeito do volante térmico" e se relaciona com os padrões de uso das edificações. Sempre use as versões de materiais de grande massa que tenham a menor quantidade de carbono incorporado, como o tijolo de demolição e o concreto sem cimento.

Ver Regras 35, 38 e 44

REGRA 36

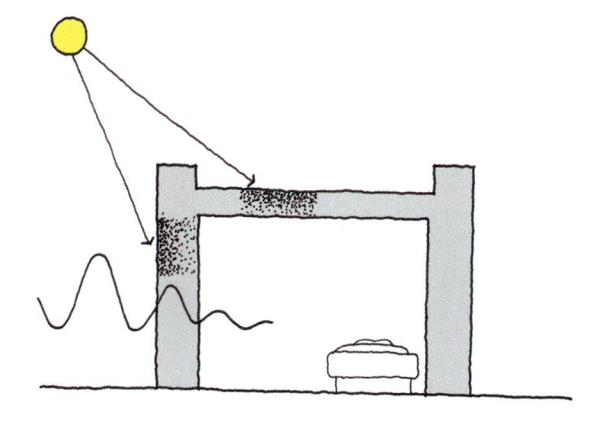

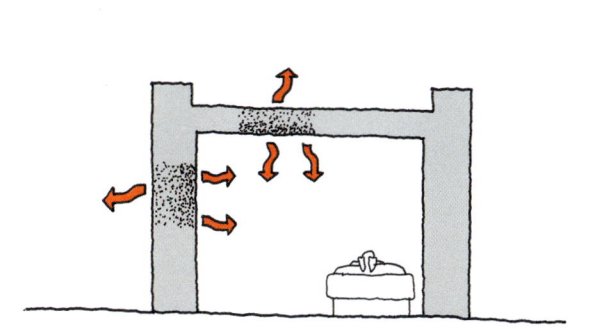

37 Edificações leves aquecem e resfriam rapidamente

Ao contrário das edificações pesadas, as leves aquecerão e resfriarão ao longo de um período pouco maior do que o do ambiente externo. Assim, dizemos que as edificações leves têm um pequeno retardo térmico (ou atraso térmico).

Ver Regras 44 e 45

REGRA 37

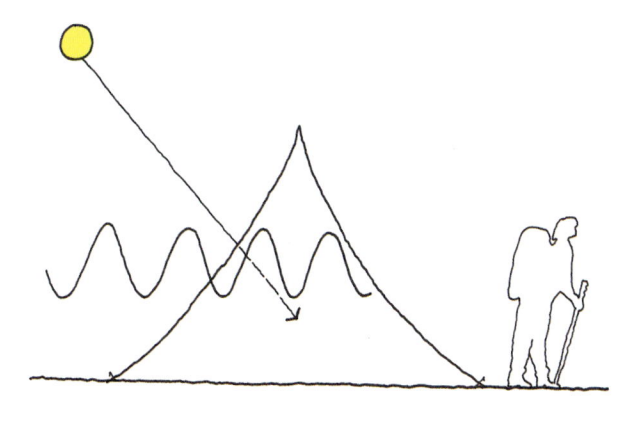

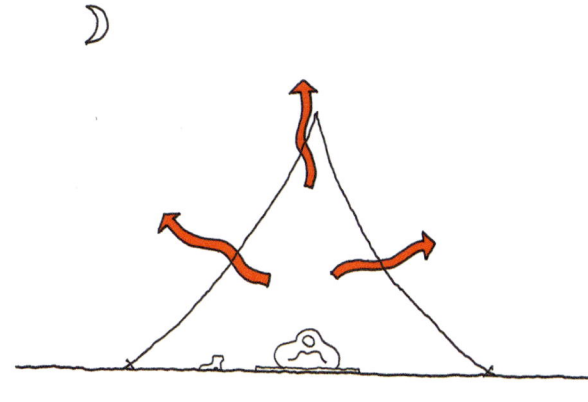

38 A massa termoacumuladora mantém as temperaturas estáveis

Em um clima temperado, a principal função da massa térmica é atenuar as oscilações diurnas de temperatura, resultando em um ambiente térmico interno estável. Ela faz isso absorvendo o calor ganho – direta ou indiretamente – do sol e das fontes internas, como os usuários e os equipamentos, e liberando-o lentamente ao longo das noites, que são mais frias. Com a massa termoacumuladora diminuindo a passagem do calor, pode-se esperar um retardo de, digamos, 12 horas entre as temperaturas máximas externa e interna. A temperatura interna máxima pode, portanto, ser projetada de modo a ser atingida enquanto a edificação está desocupada ou quando se pode aproveitar a ventilação noturna.

Ver Regras 44 e 46

REGRA 38

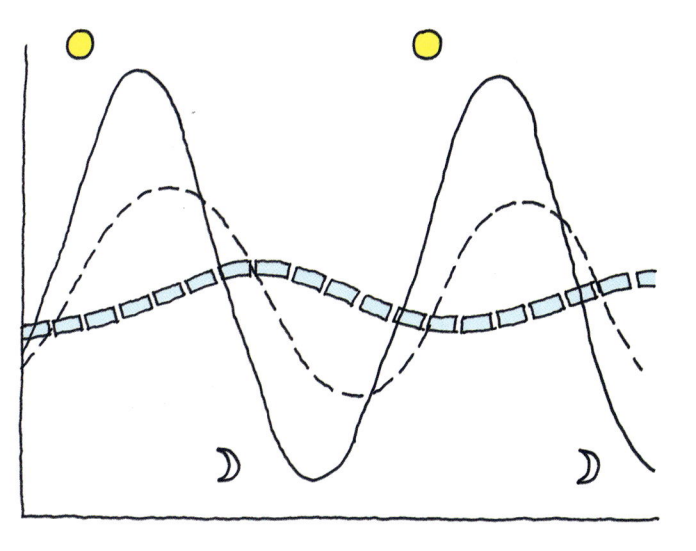

——— Temperatura externa
– – – Edificação com estrutura de montantes leves de madeira
▭▭▭ Edificação pesada e com isolamento térmico

39 Uma grande massa termoacumuladora necessita de ventilação noturna

A massa termoacumuladora não para de fazer trocas térmicas. Após um dia absorvendo calor do sol e das fontes térmicas internas, como as pessoas e os equipamentos, é necessário resfriá-la com o ar noturno, de temperatura mais baixa. A ventilação noturna exige aberturas, e estas devem ser projetadas tendo-se em mente a segurança e o tempo, mas também considerando-se a privacidade dos usuários e a proteção contra os ruídos externos.

REGRA 39

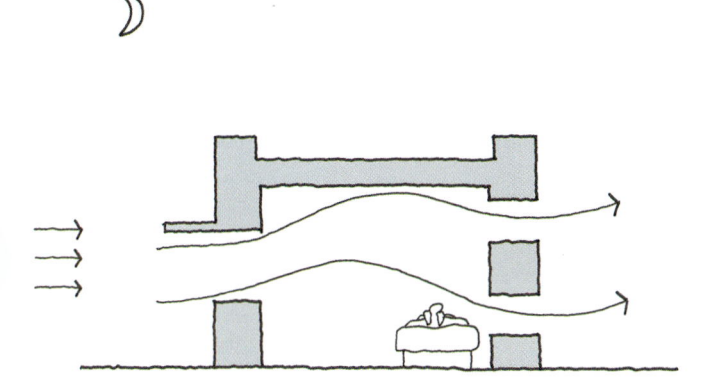

40 A massa termoacumuladora é o oposto do isolamento térmico

O isolamento térmico e a massa termoacumuladora desempenham funções distintas. Os materiais isolantes não armazenam calor bem e impedem seu fluxo – eles têm alta resistência térmica. O oposto ocorre com a massa termoacumuladora, que pode armazenar calor (ou "frio") de modo efetivo e tem baixa resistência térmica a seu fluxo. Sempre que possível, use isolantes térmicos com baixo carbono incorporado, assim como materiais termoacumuladores reusados e reutilizáveis.

Ver Regras 35 e 41

101 regras básicas para uma arquitetura de baixo consumo energético **89**

REGRA 40

|10 cm| |10 cm|

ISOLAMENTO

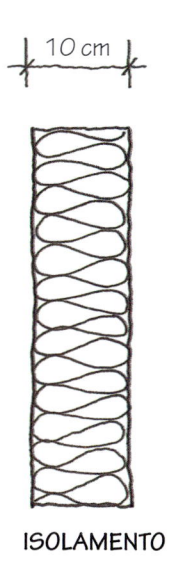

30 vezes a resistência térmica do tijolo

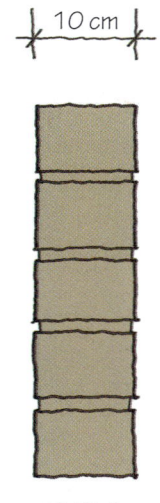

TIJOLO

300 vezes a capacidade termoacumuladora do isolamento

41 A massa termoacumuladora e o isolamento térmico trabalham juntos

Uma construção pesada pode ter a mesma resistência térmica (ou valor-U) de uma construção leve, mas a pesada terá várias vezes a massa termoacumuladora da leve. Uma regra básica é que 2,5 cm de isolamento térmico têm resistência térmica equivalente à da espessura de 1 m de concreto.
A massa termoacumuladora armazenará calor, e as vedações externas bem isoladas minimizarão as perdas térmicas.
A combinação resulta em boas condições de conforto térmico interno ao longo de todo o ano, desde que o controle solar e a ventilação noturna de massas sejam adotados.

REGRA 41

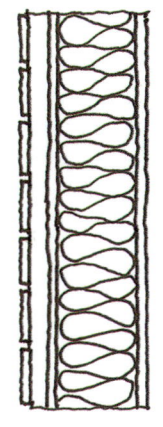

a. Estrutura de montantes
leves de madeira com
isolamento térmico

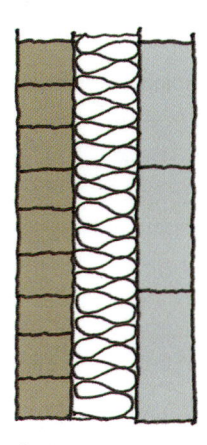

b. Parede dupla
de alvenaria com
isolamento térmico

a. e b. podem ter a mesma resistência térmica,
mas b. terá muitas vezes a massa termoacumuladora de a

42 Todos os materiais têm propriedades de isolamento térmico e termoacumulação

Os valores relativos de termoacumulação e isolamento térmico de diferentes materiais nos ajudam a decidir quais métodos de construção devemos usar em diferentes condições climáticas e para as distintas funções de uma edificação. É interessante, por exemplo, observar que uma construção de taipa de pilão tem resistência térmica relativamente baixa, mas uma grande capacidade de armazenar calor. Assim, o acréscimo de um isolante resultaria nos benefícios de ambas as propriedades.

REGRA 42

Resistência térmica relativa

15	1	10	1,5
a.	b.	c.	d.
1	3	3,7	11

Capacidade de termoacumulação relativa

a. Parede de montantes leves de madeira com 15,0 cm de espessura total
b. Parede de concreto de 15,0 cm
c. Tora de madeira desbastada de 30,0 cm
d. Parede de taipa de pilão de 45,0 cm

43 Coloque a massa termoacumuladora no lugar certo

As propriedades de retenção de calor e estabilização da temperatura de uma massa termoacumuladora devem ser utilizadas em climas nos quais há uma diferença de temperatura diurna de mais de 6 °C, ou em climas frios ou muito frios. A massa termoacumuladora precisa ficar exposta tanto ao sol quanto aos ganhos térmicos internos das pessoas e dos equipamentos. Internamente, para a efetividade máxima do sistema, a área exposta de uma grande massa termoacumuladora deve ser cerca de seis vezes a área da janela que a expõe ao sol.

Ver Regras 39, 44 e 54

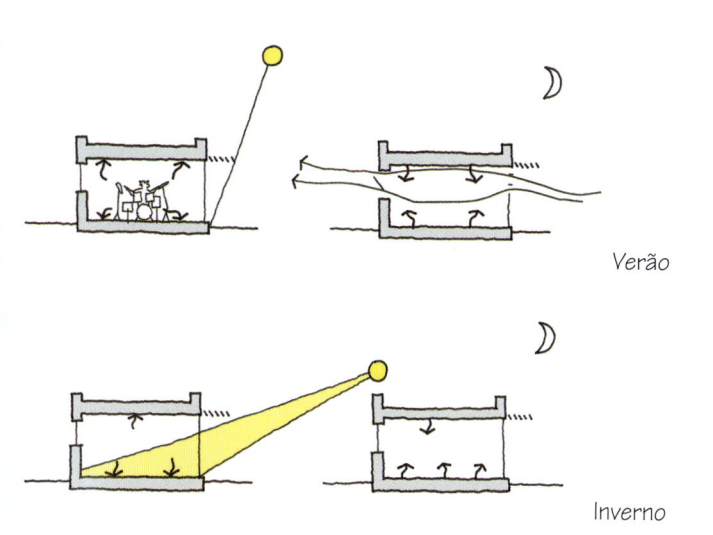

/ 101 regras básicas para uma arquitetura de baixo consumo energético **95**

REGRA 43

Verão

Inverno

44 Leve ou pesada? Depende do clima

O uso de uma construção leve ou com grande massa termoacumuladora depende da zona climática e das funções da edificação. Em um clima quente e seco, a massa termoacumuladora é necessária nas paredes e na cobertura, a fim de equilibrar as grandes oscilações de temperatura ao longo do dia. Já em zonas frias ou temperadas, a massa termoacumuladora é particularmente útil em paredes externas voltadas para o leste, que estão sujeitas à maior exposição dos raios de sol. Uma massa termoacumuladora interna também é benéfica em invernos mais longos e mais frios (ou verões mais longos e mais quentes). Em locais quentes e úmidos, é preferível o uso de uma construção leve. Em localidades que não têm essas características, geralmente se adotará uma combinação de construção pesada e leve.

Ver Capítulo 5

REGRA 44

ZONA CLIMÁTICA	MASSA TERMOACUMULADORA	ISOLAMENTO TÉRMICO
Fria		Máximo
Temperada		
Quente e seca		
Quente e úmida		Mínimo

45 Uma construção leve é adequada à ocupação intermitente

Um prédio com uso intermitente – que precisa ser aquecido em pouco tempo e/ou é menos sensível às exigências de conforto térmico – será mais apropriado a uma construção leve, com baixa inércia térmica e bem isolada. Alguns exemplos:

- uma casa que é ocupada apenas esporadicamente
- um ginásio esportivo
- um mercado público

REGRA 45

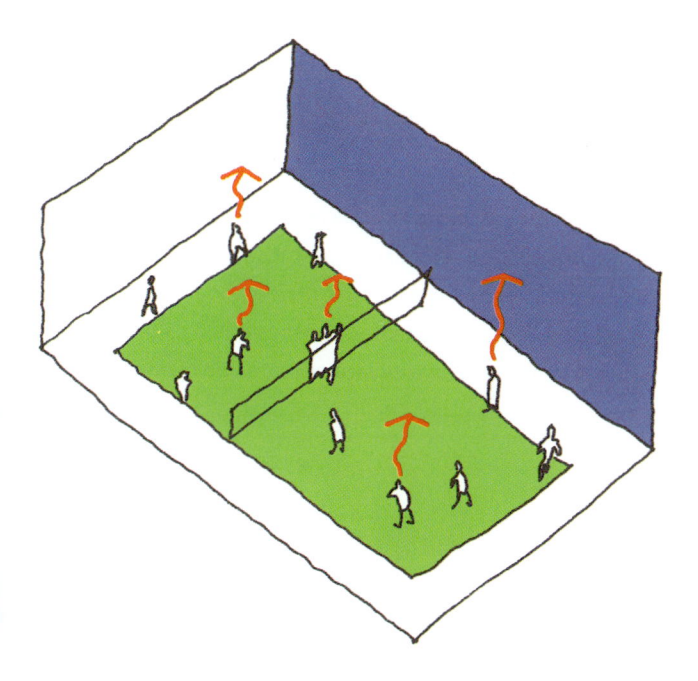

Vedações externas com baixa inércia térmica
(ou retardo térmico), para uso intermitente

46 Uma construção pesada é adequada à ocupação contínua

Um prédio usado constantemente é mais compatível com a construção pesada, uma vez que suas oscilações de temperatura são atenuadas, e o calor é retido para uso posterior. Alguns exemplos:

- uma casa ocupada o dia inteiro ou que inclua um escritório
- prédios universitários com acesso 24 horas por dia
- um hospital

Lembre-se de que, em uma edificação de uso contínuo (como uma casa), o retardo de transmissão de calor entre as temperaturas máximas externa e interna pode ser problemático em estações e regiões quentes, a menos que o calor seja expurgado mediante a ventilação noturna de massas.

REGRA 46

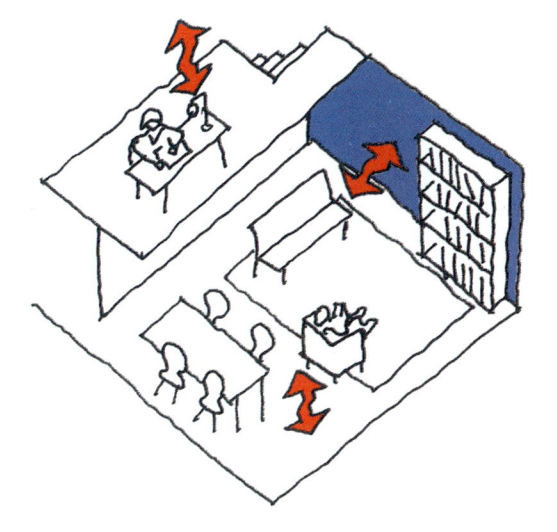

Vedações externas com grande retardo térmico (ou inércia térmica): ideais à ocupação contínua

47 O conforto depende do que você está vestindo e fazendo

Esperamos que nossos prédios proporcionem condições ambientais nas quais nos sintamos confortáveis devido ao calor ou ao frio. O conforto térmico varia de pessoa para pessoa. Nossas edificações deveriam manter temperaturas internas entre 18 °C e 25 °C no inverno e entre 20 °C e 27 °C no verão. As pessoas também mudarão suas roupas e comportamentos a fim de encontrar sua zona de conforto.

REGRA 47

48 Vidro: manuseie com cuidado

Uma parede bem isolada terá seis vezes a resistência térmica de uma janela com vidros duplos de alta qualidade; assim, as janelas são um elo muito frágil nas vedações externas de uma edificação. Os vidros e as janelas podem ser especificados a fim de manter o calor dentro ou fora da edificação, permitindo ganhos térmicos solares ou barrando o sol. Há muitas variáveis, como demonstramos, e não se esqueça de escolher janelas duradouras e com baixo carbono incorporado. As decisões do projetista serão influenciadas pelo clima, e os diagramas do Capítulo 5 mostram o uso do vidro em cada uma das regiões climáticas do mundo.

Ver Capítulo 5

REGRA 48

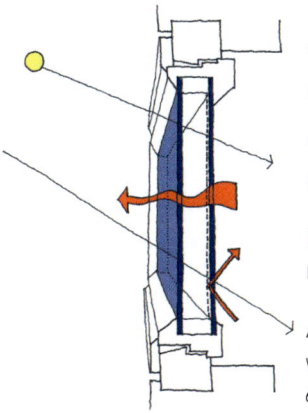

Valor-g: um valor elevado significa maiores ganhos térmicos

Valor-U: um valor baixo significa maior isolamento

Uma película com baixo valor-E mantém o calor internamente

A transmissão da luz visível varia: vidros corados permitem pouca entrada da luz natural

49 O mais importante são as vedações externas

As edificações perdem e ganham calor por meio de suas vedações externas: as paredes, a cobertura e o piso.
O isolamento é uma barreira aos fluxos de calor que entram ou saem de um prédio, e é necessário para se manter o conforto térmico. A regra básica é envolver o prédio continuamente em todos os seus lados, inclusive na laje de piso, com materiais isolantes, que devem ter entre 20 e 30 cm de espessura em climas frios ou temperados. As perdas e os ganhos térmicos também ocorrem devido à infiltração do ar de fora para dentro, principalmente através das juntas de construção que não são estanques. Nos projetos de reforma, antes de tudo, melhore as vedações externas (7,5 e 10,0 cm de isolante é a medida que tem a melhor relação custo-benefício nas regiões temperadas) e, só depois disso, considere o uso de fontes de energia renováveis.

REGRA 49

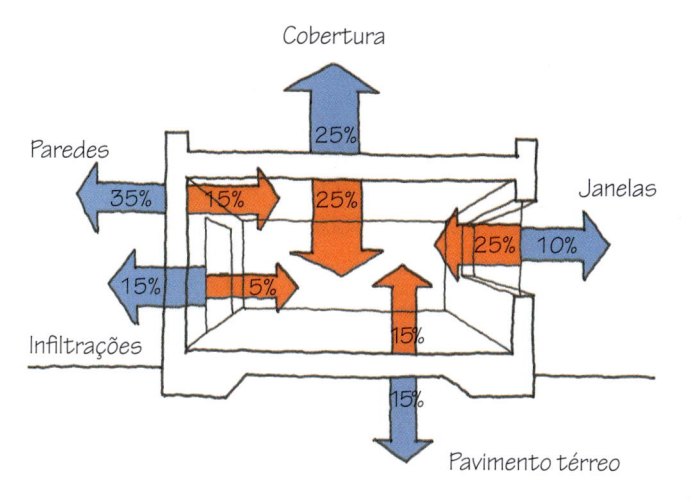

Locais por onde geralmente se perde ou ganha calor
(em um clima temperado)

50 Evite as consequências inesperadas ao fazer uma reforma para melhorar o desempenho energético

Conforme a Regra 49, se introduzirmos isolamento térmico em uma edificação, também devemos esperar uma redução em nossas despesas com energia e o aumento do conforto no ambiente interno. Contudo, resolver uma coisa pode criar um problema em outro lugar, e, se não atentarmos à ventilação e ao controle solar, um dos efeitos colaterais pode ser o superaquecimento. De maneira similar, podemos tapar frestas nas vedações externas a fim de eliminar a infiltração de ar, reduzindo a perda de calor, mas, sem trocas de ar adequadas, a umidade pode ficar retida, acarretando alta umidade relativa do ar no interior, condensação e surgimento de mofo. Se considerarmos todos os aspectos juntos, podemos evitar resultados que sejam prejudiciais à saúde e ao bem-estar, além de danificar as vedações externas.

Ver Regras 34, 61 e 79

REGRA 50

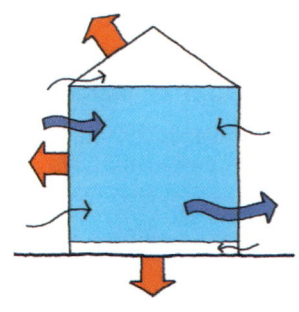

ANTES

- Perdas térmicas
- Contas de energia elétrica altas
- Correntes de ar

DEPOIS?

- Superaquecimento
- Condensação
- Surgimento de mofo
- Danos às vedações externas

51 Uma cobertura verde aumenta a inércia térmica

Uma cobertura verde espessa (50,0 cm de solo ou mais) terá uma grande massa termoacumuladora, o que gerará um retardo térmico de, pelo menos, 12 horas. Porém, para que reduza significativamente as trocas térmicas, a cobertura também deverá ser isolada. Já as coberturas verdes finas (15,0 cm de solo) sustentarão apenas uma vegetação baixa. Se você quiser plantar pequenas árvores, a profundidade do solo deverá ser de 1,0 m. As coberturas verdes contribuem para a biodiversidade, retém a água da chuva e também criam espaços de lazer.

REGRA 51

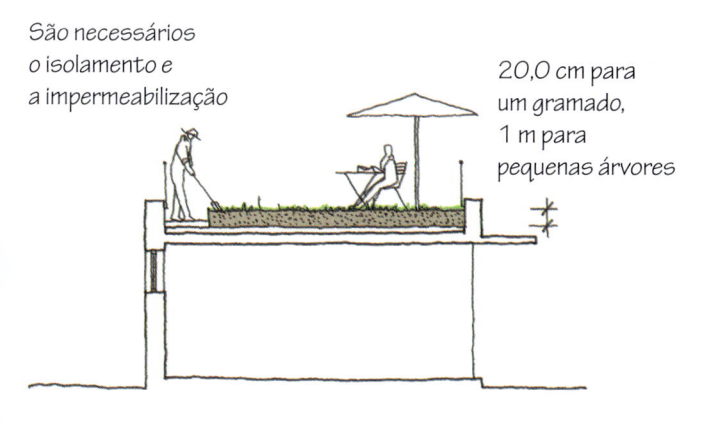

São necessários
o isolamento e
a impermeabilização

20,0 cm para
um gramado,
1 m para
pequenas árvores

52 Tampos de janela internos com isolamento térmico conservarão o calor no interior durante a noite

Tampos internos com isolamento reduzirão o consumo de energia se ficarem totalmente fechados durante a noite, evitando as perdas térmicas noturnas. Em uma janela com vidros duplos, eles podem resultar em um sistema equivalente ao uso de vidro triplo ou de vidros duplos de baixa emissividade. Quando há vidros simples, os tampos internos podem aumentar o desempenho da janela, tornando-a similar a uma janela com vidros duplos.

REGRA 52

○　☽

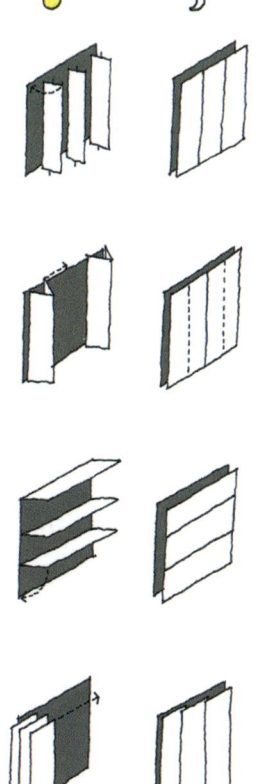

Tampos pivotantes e verticais

Tampos de dobrar

Tampos basculantes

Tampos corrediços

4
A ENERGIA E O AMBIENTE INTERNO

- Calefação livre de emissões de carbono: sistemas de ganho solar direto, isolado e indireto
- Refrigeração livre de emissões de carbono: o uso da terra, do vento e da água
- Iluminação livre de emissões de carbono: a luz natural
- Cor

53 Somos uma espécie de hábitos internos

Via de regra, passamos cerca de 90% de nosso tempo dentro das edificações. Usamos a energia convertida dos combustíveis fósseis principalmente para manter as condições de conforto dentro dessas construções. Porém, o sol é, em última análise, a origem de todas as fontes energéticas, fornecendo calor, ventilação, resfriamento e iluminação de graça, e não está associado às emissões de carbono. Tire proveito das fontes energéticas gratuitas, abundantes e livres de carbono para criar ambientes internos confortáveis e saudáveis.

Ver este capítulo

REGRA 53

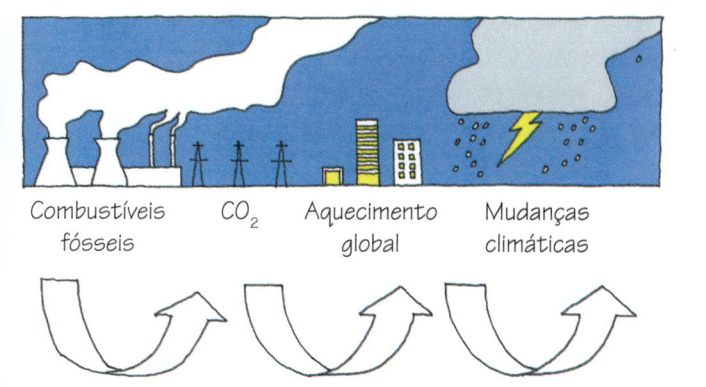

Combustíveis fósseis → CO_2 → Aquecimento global → Mudanças climáticas

54 Combine o ganho solar direto com o uso da massa termoacumuladora

O uso de espaços de permanência prolongada como sistema de calefação passiva em uma edificação é uma estratégia efetiva, especialmente se combinada com uma massa termoacumuladora. Deve-se permitir que o sol entre no prédio durante a estação de aquecimento – uma janela voltada para o norte, com um desvio máximo de 30° (ou para o sul, no Hemisfério Norte) servirá – e, se combinada com os ganhos térmicos internos gerados, por exemplo, pelas pessoas e pelos equipamentos e com um sistema de recuperação de calor, a edificação poderá ser aquecida passivamente durante grande parte do inverno ou mesmo toda essa estação. Assim, nas regiões de clima frio, as edificações responsivas buscam tirar vantagem das janelas voltadas para o sul (no Hemisfério Norte), aproveitando os ganhos solares diretos e minimizando as aberturas na fachada oposta.

REGRA 54

Massa termoacumuladora exposta = 6 × área de vidraças

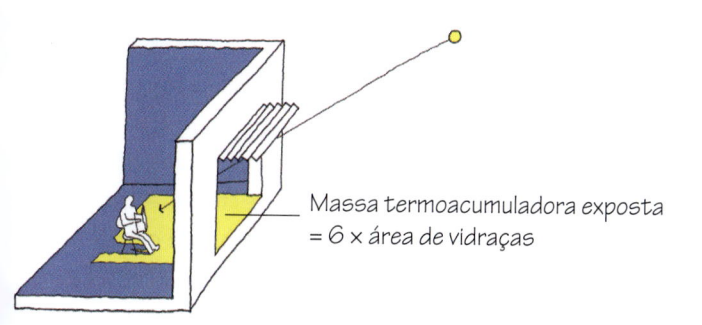

55 Colete o calor de graça com o uso de uma estufa anexa

O calor coletado por uma estufa ou jardim de inverno anexo, orientado para o sol e dotado de vidraças (ou com um desvio máximo de 45° em relação ao norte ou sul – no Hemisfério Sul e Norte, respectivamente) pode ser redistribuído nos espaços ocupados. A estufa anexa costuma ser acoplada ao corpo principal do prédio por meio da convecção, ou seja, o calor coletado é transferido por meio da abertura de portas ou janelas de uma parede isolada entre a estufa e o prédio. Esse sistema é chamado de "sistema de ganho solar isolado". Uma estufa anexa também pode ser um espaço de permanência prolongada, mas estará sujeita a grandes oscilações de temperatura (como ocorre com qualquer estufa de vidro utilizada para plantas), a menos que seja cuidadosamente projetada com vidros de alto desempenho e um sistema de proteção solar para o verão. Faça com que a área de vidraças voltadas para o sol corresponda a cerca de 10% da área de piso do prédio a ser aquecido e combine a fonte de calor com a ventilação natural para distribuir o calor.

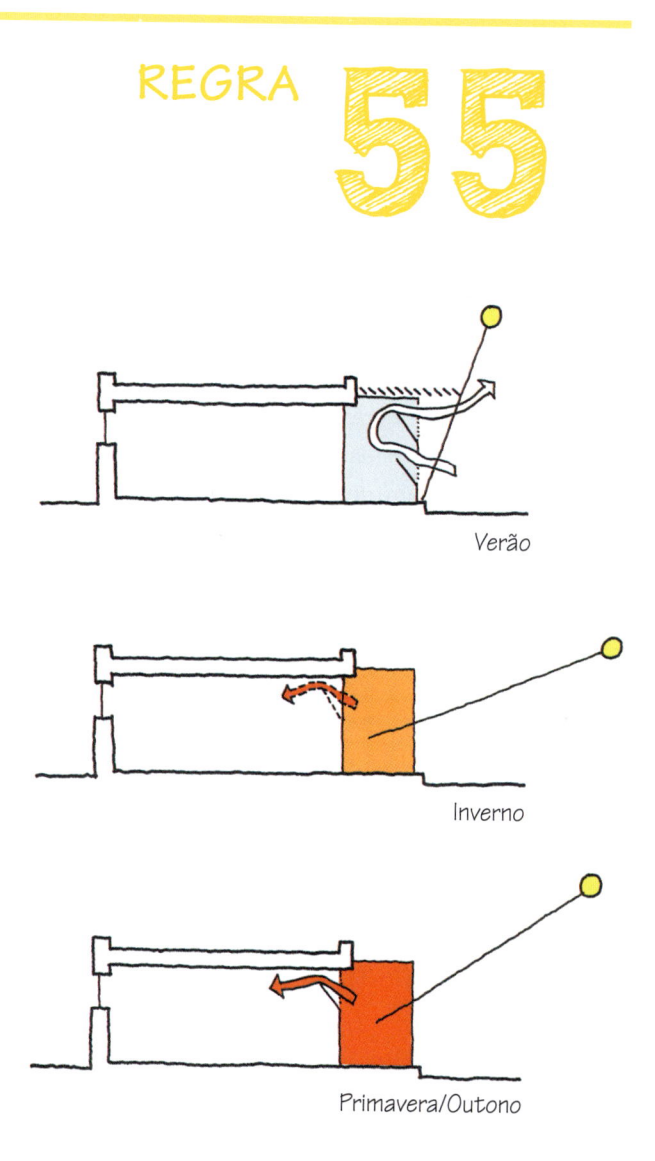

101 regras básicas para uma arquitetura de baixo consumo energético **121**

REGRA 55

Verão

Inverno

Primavera/Outono

56 O ar quente quer se refrescar

As moléculas do ar quente contêm mais energia do que as do ar frio. Qualquer massa de ar quente tentará chegar ao equilíbrio, movendo-se em direção ao ar mais frio. Portanto, se o ar do exterior estiver mais quente do que o ar de dentro de uma edificação, ele poderá ser uma fonte de calor, fluindo para dentro dela. Por outro lado, se o ar do exterior estiver mais fresco do que o do interior (como acontece à noite), ele funcionará como um dissipador de calor, direcionando ar quente para o exterior. A mesma dinâmica térmica ocorre dentro de uma edificação quando o ar quente se dirige para os espaços mais frios; então, as edificações devem ser planejadas de modo a manter o ar aquecido nos espaços em que ele é necessário ou, caso contrário, fazer com que ele seja direcionado para lá.

REGRA 56

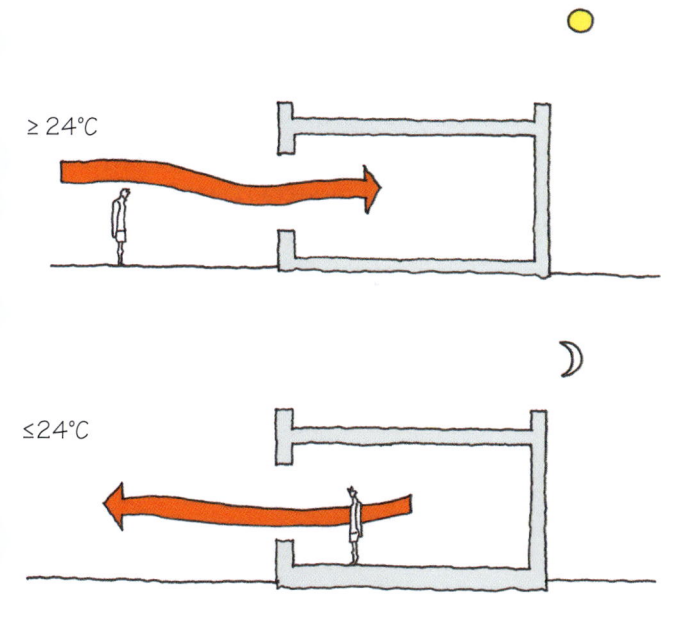

≥ 24°C

≤24°C

57 Uma parede de Trombe transmite gratuitamente o calor para dentro da edificação

Uma parede de Trombe é um sistema de ganhos solares indiretos construído com um material de grande massa (inércia térmica), como alvenaria ou concreto. A parede orientada para o sol – de 30 a 40 cm de espessura – é colocada por trás de uma pele de vidro e geralmente pintada de preto, a fim de ajudar na absorção de calor. Em geral, usam-se vidros isolantes e tampos externos móveis, a fim de prevenir perdas térmicas noturnas. Entradas e saídas de ar na base e no topo da parede fazem com que, além da condução térmica, o sistema aproveite a convecção para transferir calor a espaços de permanência prolongada. A área da parede de Trombe deve equivaler a cerca de 10% da área do piso da edificação que será aquecida, e o projetista deve usar o tipo de material de parede com a menor emissão de carbono.

REGRA 57

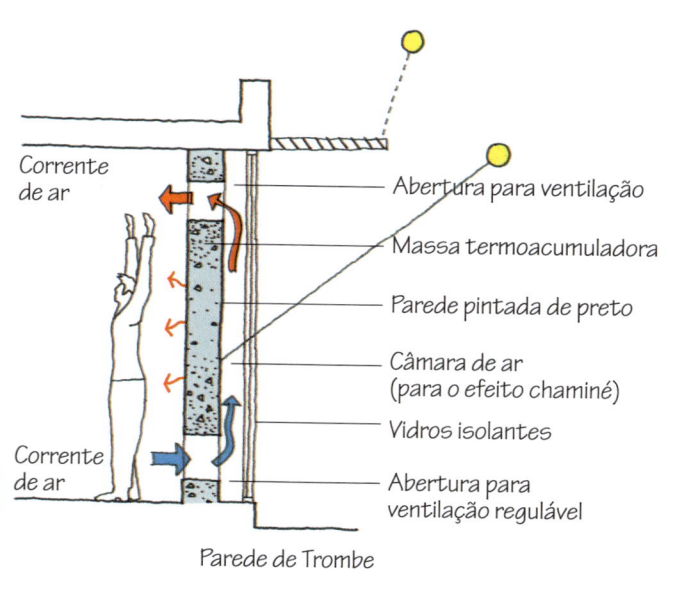

Corrente de ar

Abertura para ventilação

Massa termoacumuladora

Parede pintada de preto

Câmara de ar (para o efeito chaminé)

Vidros isolantes

Corrente de ar

Abertura para ventilação regulável

Parede de Trombe

58 A água consegue armazenar mais calor do que o concreto

A água, na verdade, tem uma capacidade de termoacumulação quatro vezes maior do que a do concreto. Uma parede de água é similar a uma parede de Trombe, mas nela a massa termoacumuladora é de água, que pode ser armazenada em uma variedade de recipientes (tubos, tanques ou tambores de aço, caixas de fibra de vidro) e demora para aquecer e resfriar. Quando é associada à ventilação natural, a parede de água também pode ser utilizada para a refrigeração passiva. Sua área deve equivaler a cerca de 10% da área do piso da edificação que será aquecida. A parede de água deve conter aproximadamente duzentos litros de água por metro quadrado de vidraça; os tanques devem ter cerca de 45,0 cm de espessura.
Os materiais de mudança de fase, que são consideravelmente mais leves do que a água, também podem ser uma alternativa.

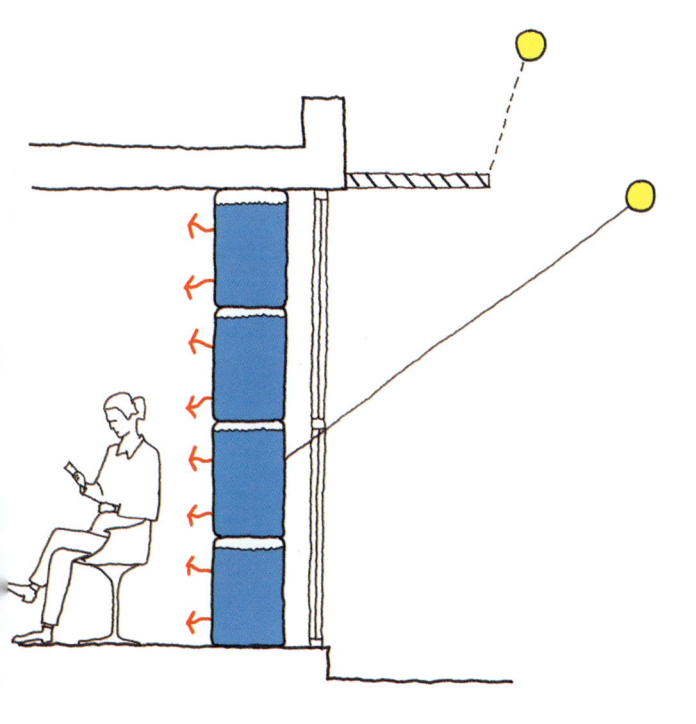

101 regras básicas para uma arquitetura de baixo consumo energético **127**

REGRA 58

59 Uma cobertura com água termoacumuladora (*roof pond* ou *pond roof*) é uma fonte gratuita de calor

Funcionando de modo similar a uma parede de água, uma camada de água para termoacumulação sobre a cobertura é um recurso de ganho térmico indireto que coleta o calor do solo e o libera lentamente por meio da condução à laje de cobertura e desta aos espaços de permanência prolongada abaixo. Em zonas climáticas temperadas, a cobertura com água deverá ser isolada termicamente durante a noite para reduzir as perdas de calor. Os espaços abaixo dela podem ficar entre 3 °C e 4 °C mais quentes do que seriam sem o uso desse sistema passivo de termoacumulação.

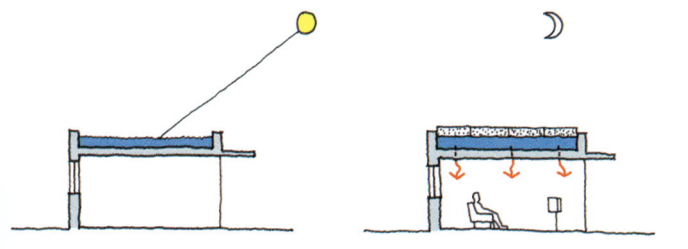

101 regras básicas para uma arquitetura de baixo consumo energético **129**

REGRA 59

60 Colete o calor solar armazenado pelo solo

O calor relativo sob a superfície do solo em climas frios e temperados pode ser aproveitado, se permitirmos sua troca com o uso de redes de tubos preenchidos com um líquido. Esses sistemas de tubos subterrâneos helicoidais são conectados a uma bomba de calor geotérmico, permitindo que o calor armazenado pelo solo (que também vem do sol), seja transferido, através dos tubos subterrâneos e da bomba de calor, à edificação – geralmente com o uso de um sistema de piso radiante. O solo agirá como uma fonte de calor durante o inverno e como um dissipador de calor no verão. Em uma casa padrão, uma regra simples para o projetista seria utilizar três valas de 10 m de extensão com tubos subterrâneos helicoidais (totalizando 200 m de dutos) de 25 mm de diâmetro enterrados a uma profundidade de 1,8 m. A bomba de calor pode ser alimentada pela energia solar.

REGRA 60

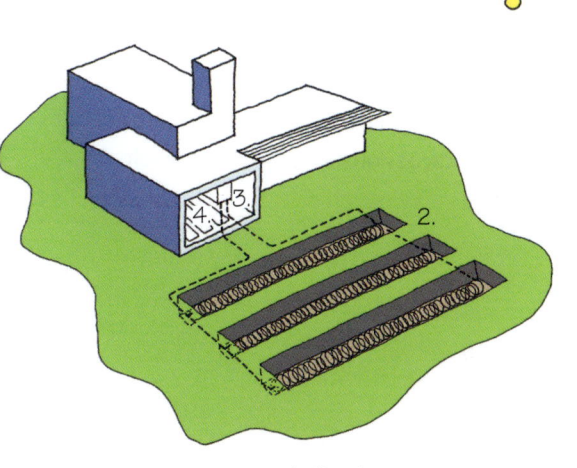

1. O sol aquece o solo
2. O fluido frigorígeno que está dentro dos tubos subterrâneos coleta o calor armazenado pelo solo
3. A bomba de calor geotérmico eleva as temperaturas a um nível útil
4. O sistema de piso radiante é abastecido pela bomba de calor

61 Recupere e reuse o valioso calor

Na estação de aquecimento (i. e., no inverno, em climas temperados ou frios), o calor gerado em espaços como cozinhas e banheiros pode ser reciclado, em vez de exaurido, e o calor trocado com o ar fresco que entra nos recintos e, então, é aquecido e recircula nos locais onde é necessário. Em prédios que são estanques e bem isolados, toda a construção pode adotar um sistema de ventilação mecânica com recuperação de calor, reduzindo o consumo de energia e aumentando o conforto. Esta regra se aplica tanto a novas edificações quando a projetos de reforma.

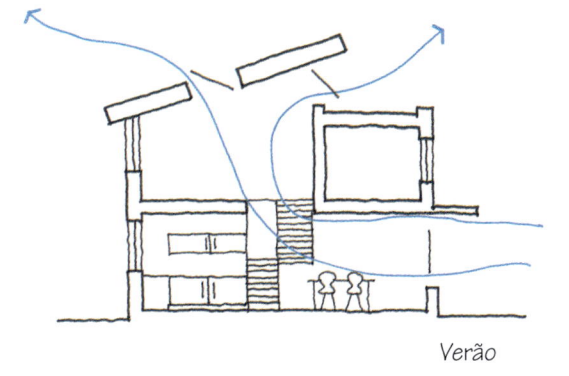

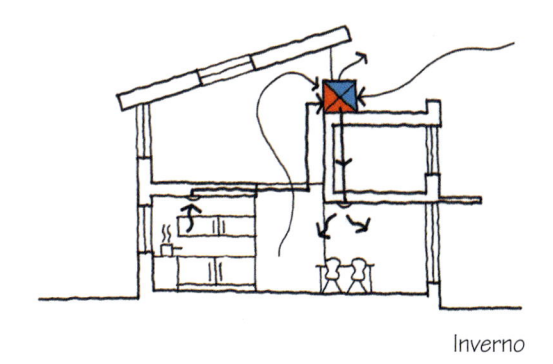

101 regras básicas para uma arquitetura de baixo consumo energético **133**

REGRA 61

Verão

Inverno

62 Armazene o calor do verão para usá-lo no inverno

A ideia de um reservatório térmico sazonal é coletar e reservar calor durante os meses do verão para utilizá-lo no inverno ou reservar o frio do inverno para usá-lo no verão. Para o aquecimento, um meio calefator como a água é aquecido pela energia solar em um recipiente extremamente isolado. Uma temperatura entre 30 °C e 40 °C é adequada ao funcionamento de um sistema de calefação por piso radiante, ao contrário de um sistema de aquecimento tradicional, que precisa de entre 60 °C e 90 °C, e isso pode ser obtido com o armazenamento sazonal da energia solar. Os sistemas de armazenamento sazonal de calor usam materiais brutos (como terra, areia, pedras ou água) ou de mudança de fase, assim como baterias termoacumuladoras.

101 regras básicas para uma arquitetura de baixo consumo energético **135**

REGRA 62

Verão

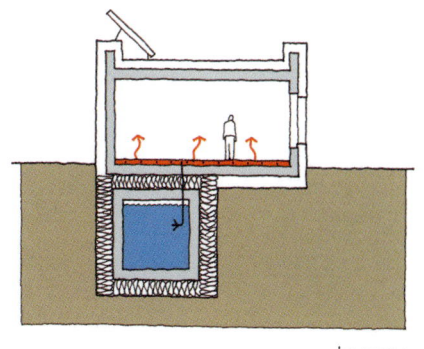

Inverno

63 Colete o vento para obter ventilação natural

O Sol aquece a Terra, iniciando o processo pelo qual o vento é criado. Ventilamos as edificações a fim de oferecer a seus usuários conforto térmico e oxigênio, assim como para eliminar odores, que são fatores para a criação de edificações saudáveis. A força do vento pode ser aproveitada para ventilar passivamente os prédios. O vento que atinge uma edificação cria uma diferença de pressão entre suas faces a barlavento (sob sucção, pressão negativa) e as faces a sotavento (sob pressão positiva), o que gera a ventilação interna. Aproveite o vento, que não é responsável por emissões de carbono, para a ventilação natural dos prédios.

Ver Regras 65 e 66

REGRA 63

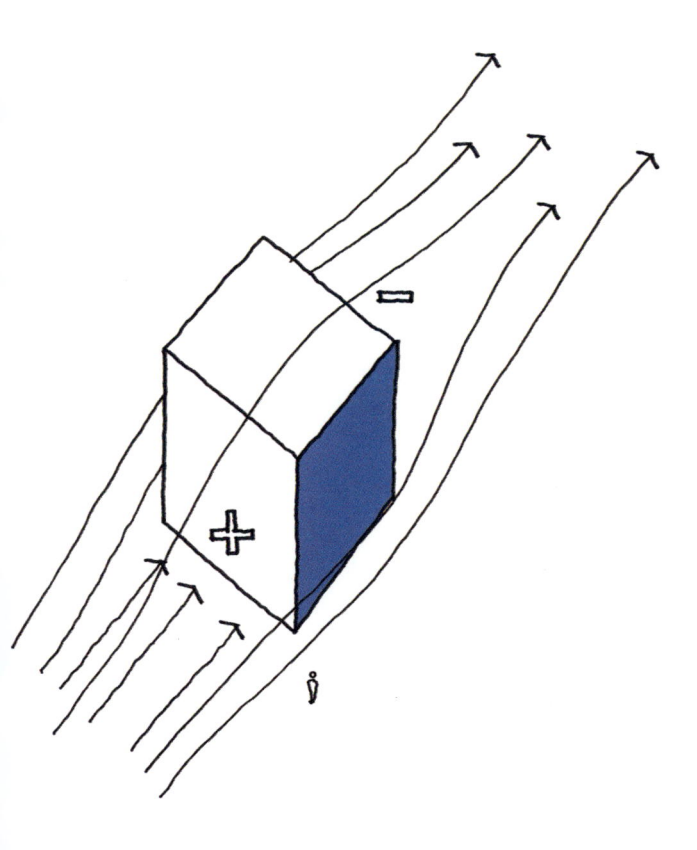

64 O ar quente sobe, fazendo com que o ar mais frio entre

Outra forma de ventilação natural se baseia no princípio básico de que o ar se estratifica e circula devido a seu peso relativo, mesmo que não haja vento lá fora. A diferença de temperatura entre o ar quente do interior e o ar mais frio do exterior de uma edificação faz com que o ar interno suba, atraindo para dentro o ar mais fresco e, geralmente, mais limpo nas partes mais baixas dos recintos e expulsando o ar quente e viciado pelo alto.

Ver Regra 67

101 regras básicas para uma arquitetura de baixo consumo energético **139**

REGRA 64

65 Uma regra básica para a ventilação de recintos com aberturas em apenas um dos lados

Nos recintos com aberturas em apenas uma de suas faces, a ventilação por um dos lados será eficiente até uma profundidade de cerca de seis metros. Uma janela de abrir normalmente é utilizada, pois fornece tanto ventilação quanto iluminação natural. Preveja uma área aberta de pelo menos 5% da área de piso a ser ventilada, mas eleve consideravelmente essa proporção em climas quentes ou em locais onde as velocidades dos ventos são baixas. Lembre-se de que, em locais barulhentos, os usuários talvez não possam abrir as janelas, acarretando o superaquecimento e desconforto térmico, então considere com muito cuidado a localização e o projeto das aberturas.

REGRA 65

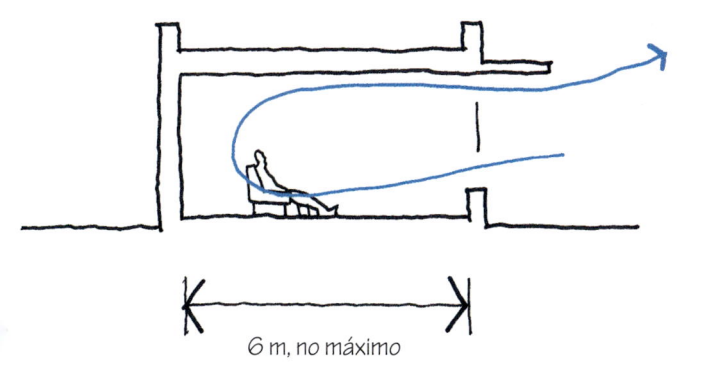

6 m, no máximo

66 Uma regra básica para a ventilação cruzada

A ventilação cruzada se baseia na diferença de pressão existente entre as fachadas a barlavento e a sotavento de uma edificação. Ela funciona desde que a profundidade do espaço não seja superior a cinco vezes seu pé-direito. Além disso, deve haver vento para que a ventilação cruzada aconteça, e tanto as aberturas para a entrada quanto para a saída do ar devem ser equivalentes a pelo menos 5% da área de piso.

REGRA 66

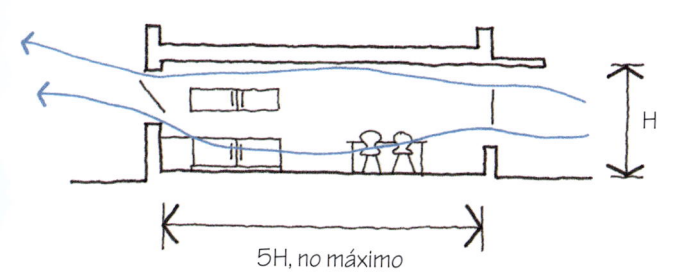

5H, no máximo

67 Uma regra básica para a ventilação pelo efeito chaminé

A ventilação pelo efeito chaminé, que se baseia na estratificação do ar devido às diferenças de temperatura, funciona sempre que a diferença entre as temperaturas externa e interna do ar for superior a aproximadamente 2 °C. Esse tipo de ventilação se consegue criando-se o chamado efeito chaminé, seja com um recinto muito alto que faça as vezes de uma grande chaminé ou usando-se uma chaminé propriamente dita em um canto da edificação ou em seu núcleo. A saída da chaminé precisa estar um pavimento mais alto do que o andar logo abaixo sendo ventilado, e o sol pode ser empregado para elevar a temperatura da chaminé (que é conhecida como chaminé solar), fazendo o ar subir. No inverno, pode-se recuperar o calor retido no ar quente que chega no topo da chaminé.

Ver Regra 61

REGRA 67

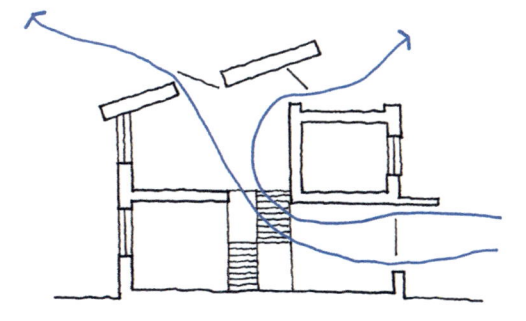

Recinto com pé-direito alto, servindo como chaminé

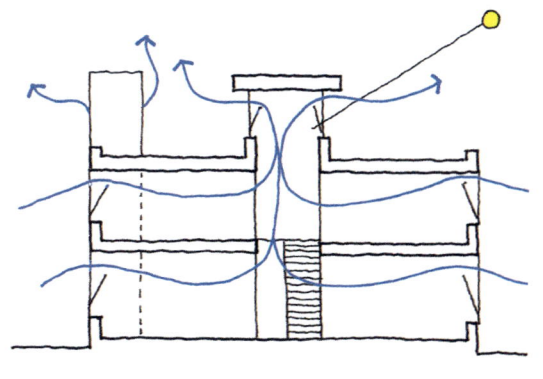

Uma escada como chaminé

68 Em um clima quente, mantenha resfriado o solo ao redor do prédio

Sombrear ou refrescar com água a terra sob uma edificação e em torno dela pode servir como uma fonte de refrigeração gratuita, particularmente em localidades áridas ou quentes e úmidas, pois o solo que é protegido da incidência direta da radiação solar terá temperatura inferior à do ar do exterior. O uso de uma bomba de calor geotérmico (Ver Regra 70) permite que o solo resfriado baixe a temperatura do ar da ventilação de um prédio. Outra alternativa é erguer o prédio do solo nas localidades quentes e úmidas, pois a terra embaixo dele é resfriada pelas chuvas de verão e pela evaporação, criando outro meio de resfriamento do ar da ventilação.

Ver Regra 70

REGRA 68

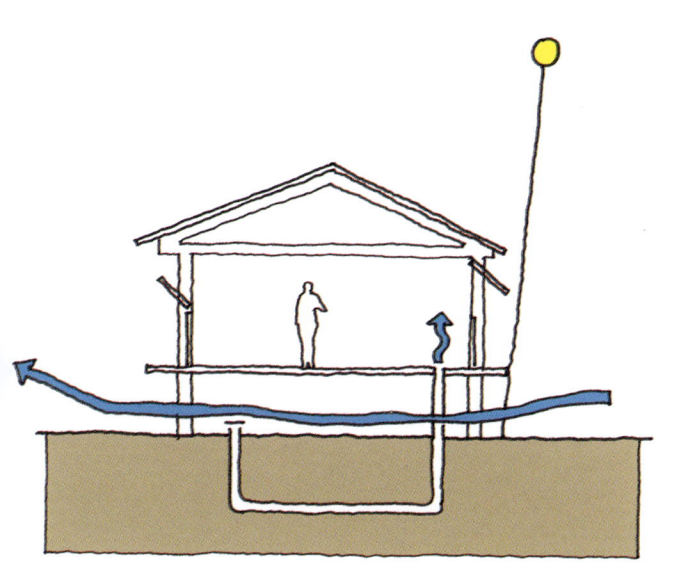

69 Com o sombreamento, uma cobertura com água termoacumuladora (*roof pond* ou *pond roof*) manterá a edificação fresca

Além de ser um bom meio para a armazenagem de calor, a água serve como retentora de frio. Para que a cobertura de água funcione, deve ser rasa (ter aproximadamente 15 cm a 30 cm de profundidade) e ser protegida do sol a fim de prevenir ganhos térmicos solares – um corpo de água sombreado é muito mais fresco do que um exposto. Quando essa massa de água é colocada sobre um espaço de permanência prolongada, o resfriamento adiabático (por evaporação) é obtido sem qualquer elevação na umidade interna. Já houve o exemplo de uma cobertura com água que conseguiu modificar a temperatura máxima do ar em até 13 °C. Os problemas técnicos que precisam ser resolvidos com o uso dessa técnica criativa incluem o peso extra da água sobre a edificação e a necessidade de sombreamento e isolamento térmico sobre a camada de água.

REGRA 69

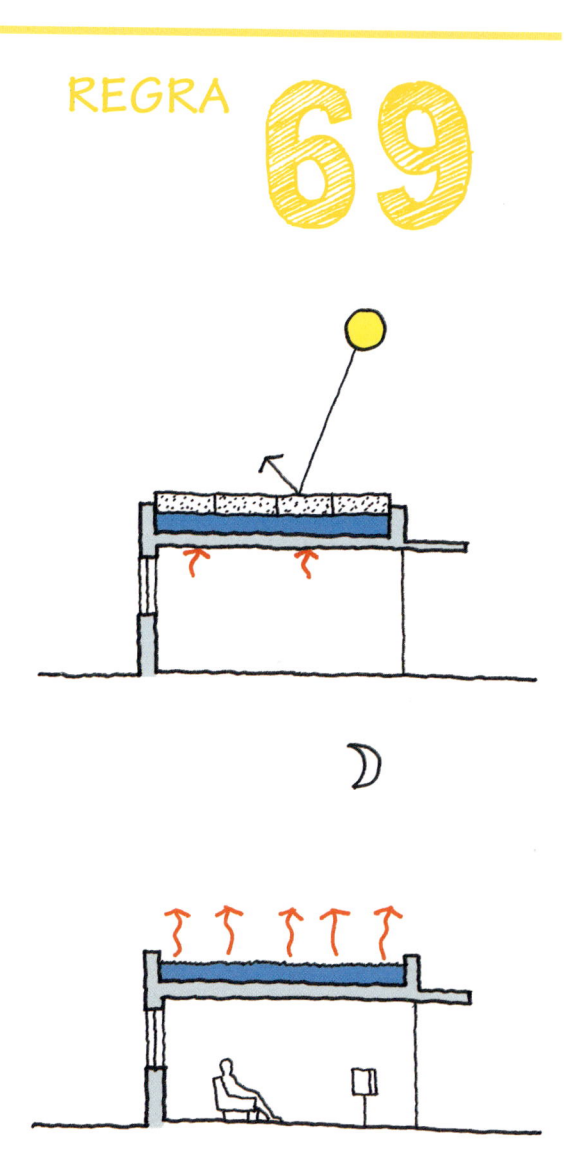

70 Use tubos subterrâneos para bombear no interior o ar que foi resfriado pelo solo

Utilizados principalmente para auxiliar na refrigeração em um clima quente e árido, os tubos de resfriamento geotérmicos aproveitam as temperaturas estáveis do solo subterrâneo. O ar que está dentro dos tubos é resfriado pela temperatura inferior da terra. Contudo, a temperatura do solo deve ser consideravelmente inferior àquela do ar desejável para os cômodos, e o sistema é mais adequado para edificações com taxas de ventilação maiores do que o usual (por exemplo, escolas). Os tubos devem estar enterrados a pelo menos 1,8 m de profundidade, ter entre 15 e 30 cm de diâmetro e cerca de 40 m de comprimento total. Para que o ar circule dentro dos tubos subterrâneos, usa-se um ventilador. Versões extremamente efetivas desse sistema são construídas por um herbívoro que vive em tocas, o cão-da-pradaria de cauda preta, cujas estratégias de ventilação subterrânea podem ser estudadas para servir de inspiração.

REGRA 70

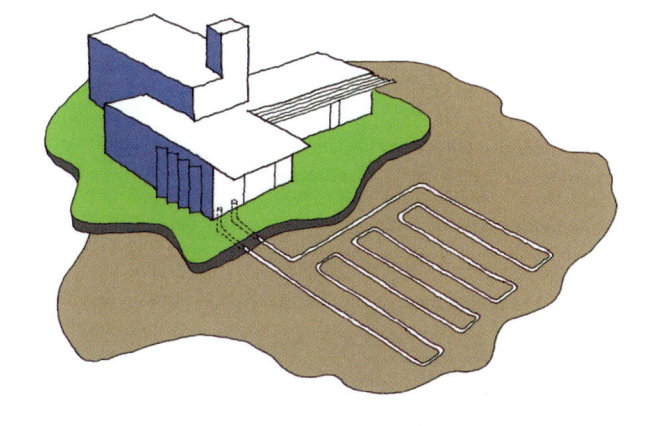

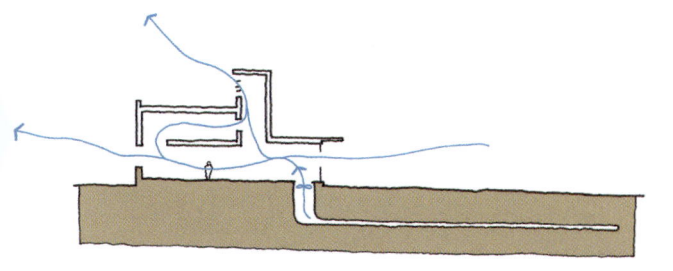

Corte esquemático mostrando um sistema de ventilação com calefação ou refrigeração auxiliado por tubos subterrâneos (energia geotérmica)

71 Use a luz natural para a redução do consumo de energia elétrica

O sol é nossa fonte de luz natural, um recurso natural gratuito, abundante e confiável. Precisamos de aproximadamente 100 lux para realizar uma leitura casual e de 300 lux para tarefas visuais contínuas. No exterior, há uma quantidade de luz natural muito superior a esses níveis, mesmo em dias encobertos: sob a luz solar direta, recebemos 100 mil lux. Mesmo assim, nos baseamos demais na iluminação artificial de nossas edificações, que consome uma enorme quantidade de energia elétrica. Até 50% do custo de carbono e 50% da energia consumida em um edifício de escritórios típico se devem à iluminação artificial. Uma consequência de grande parte da iluminação natural é o calor emitido, algo nem sempre desejável, particularmente nas estações quentes ou nas zonas climáticas mais quentes. Assim, devemos buscar o aproveitamento eficiente da luz natural, usando-a apenas onde for necessária.

Ver Regras 72–76

REGRA 71

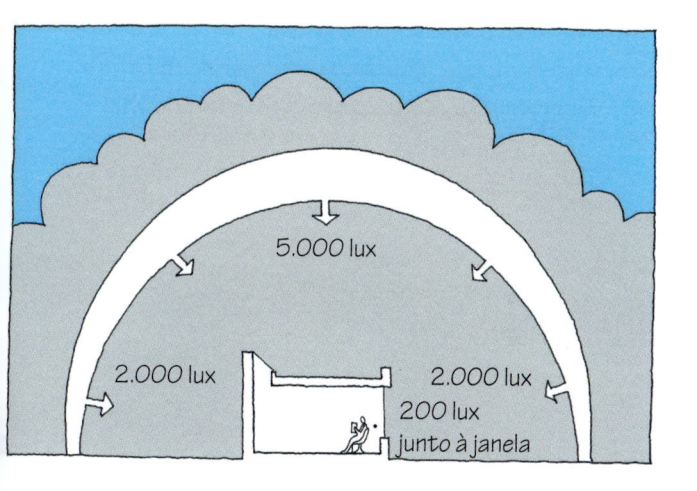

72 Quanto do céu a edificação consegue "ver"?

A quantidade de luz natural que entra em um prédio é uma função da parcela do céu que ele consegue "ver"; assim, o tamanho e a posição das janelas são questões cruciais de projeto. A iluminação diurna e as vistas ficam comprometidas abaixo da linha de obstrução do horizonte, e um cômodo ficará sombrio se mais de 50% de seus planos de trabalho ficarem além dessa linha. Ambientes com boa iluminação natural e vistas do exterior economizam energia, reduzem as emissões de carbono e são fundamentais para a saúde e o bem-estar humano.

REGRA 72

Linha de obstrução do horizonte

Planos de trabalho além da linha de obstrução do horizonte

73 Para a quantidade certa de luz natural, você precisa ter janelas do tamanho certo

Em um espaço de tamanho pequeno ou médio com janelas em apenas uma parede, elas deverão ocupar cerca de 20% da área desta. Isso se aplica a cômodos com até cerca de 7,0 m de profundidade. Em espaços mais profundos, a área de janela necessária aumenta para 35%. Espaços com grandes volumes geralmente serão iluminados de modo mais eficaz com o uso de claraboias.

REGRA 73

Janela = 20% da parede

74 Uma janela com verga alta permite a insolação profunda do cômodo

A iluminação lateral – caso o cômodo tenha janelas em apenas um dos lados – pode ser um meio efetivo para fornecer luz em profundidades de piso equivalentes a até o dobro da altura da janela. As janelas altas em espaços com pé-direito mais alto fazem com que a luz incida mais profundamente e a uniformidade da distribuição da luz natural seja maior. Os prédios eficientes no consumo de energia não costumam ter plantas baixas muito profundas. Em geral, elas não passam de 12 a 14 m de profundidade, que, aliás, é o valor de profundidade máxima tanto para a iluminação natural como para a ventilação natural.

REGRA 74

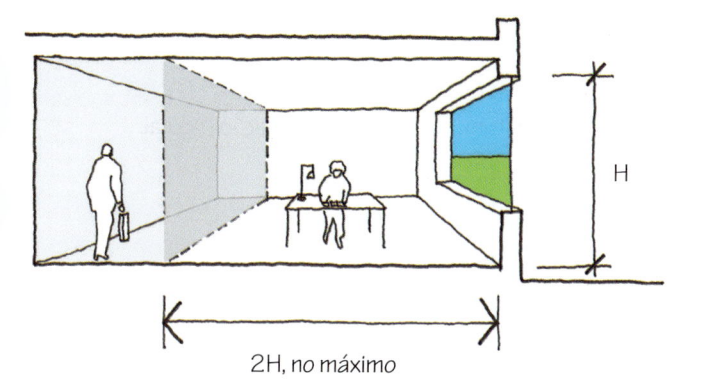

2H, no máximo

H

75 A luz natural é mais abundante no plano horizontal

Considerando-se a mesma área de vidraças que a de uma janela na parede da Regra 73, a iluminação zenital fornecerá 2,5 vezes mais luz natural. Portanto, as claraboias são muito efetivas, mas exigem a proteção dos ganhos solares diretos. Elas também podem ser uma causa significativa de perdas térmicas em climas frios e temperados. A área de uma claraboia deverá equivaler a cerca de 10% a 15% da área de piso a ser iluminada naturalmente.

Ver Regra 76

REGRA 75

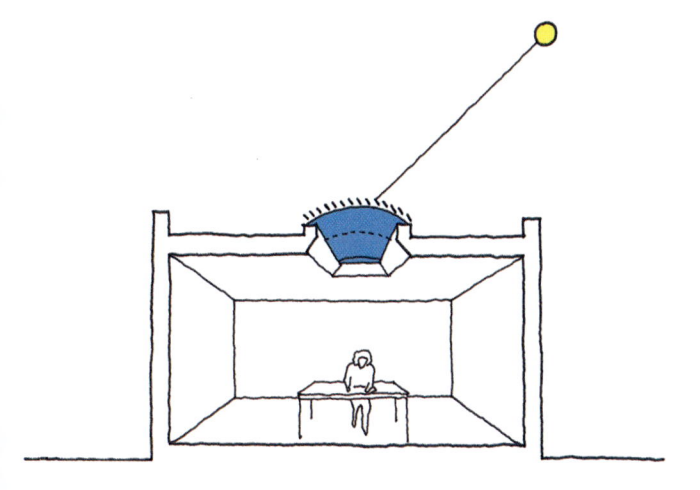

76 Use a iluminação zenital para iluminar naturalmente grandes espaços

Há uma relação entre o pé-direito do cômodo e o número e o afastamento de claraboias e lanternins. Espaços maiores podem ser iluminados com lanternins, claraboias ou *sheds*.

REGRA 76

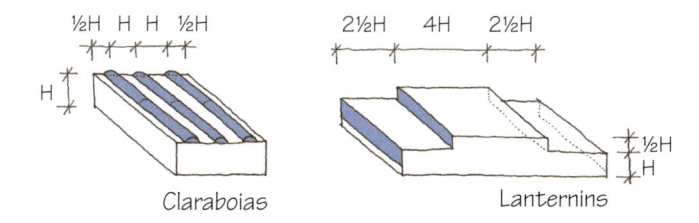

½H H H ½H

H

Claraboias

2½H 4H 2½H

½H
H

Lanternins

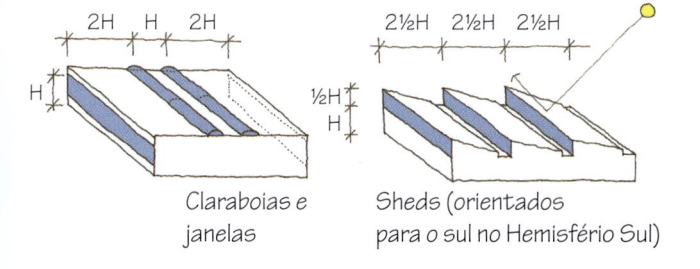

2H H 2H

H

Claraboias e janelas

½H
H

2½H 2½H 2½H

Sheds (orientados para o sul no Hemisfério Sul)

77 Interiores com paredes de cores claras precisam de janelas menores

A parede do fundo de um recinto (que está voltada para a janela), em particular, deve ter alta refletância, o que se pode obter com a aplicação de uma tinta branca. Quanto mais distante a janela estiver da parede do fundo, maior deverá ser a refletância dos acabamentos para que se possa evitar a iluminação artificial. A refletância de uma prateleira de luz e dos acabamentos do piso externo de cor clara (p. ex., uma pedra branca) ou da neve fazem a luz ser projetada mais fundo no espaço, melhorando a distribuição da luz natural. Um recinto com acabamentos internos escuros precisará de quase o dobro da área de janela do que um recinto com cores claras e refletivas, aumentando as perdas e/ou os ganhos térmicos.

REGRA 77

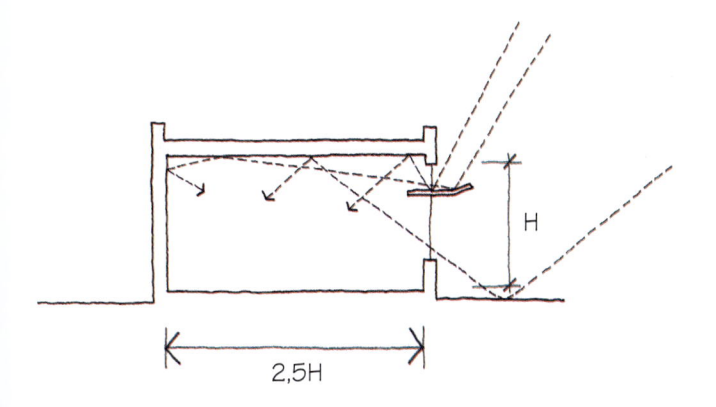

2,5H

78 A cor externa influencia o consumo de energia

Uma parede ou cobertura negra absorverá até vinte vezes mais energia solar que uma branca. Em climas com invernos frios ou muito frios, coberturas e fachadas voltadas para o sol, de cores escuras e absorventes fornecerão ganhos térmicos benéficos. Contudo, no verão, uma superfície que reflete o calor é desejável nos climas e nas estações quentes ou muito quentes. Em regiões quentes e desérticas (onde a intensidade solar é elevada), apesar do problema do ofuscamento, as edificações brancas sempre serão preferíveis. A cobertura de um prédio receberá mais radiação solar no verão do que qualquer outra superfície, seja qual for a latitude, e uma cobertura branca geralmente se manterá a uma temperatura inferior à do ar.

REGRA 78

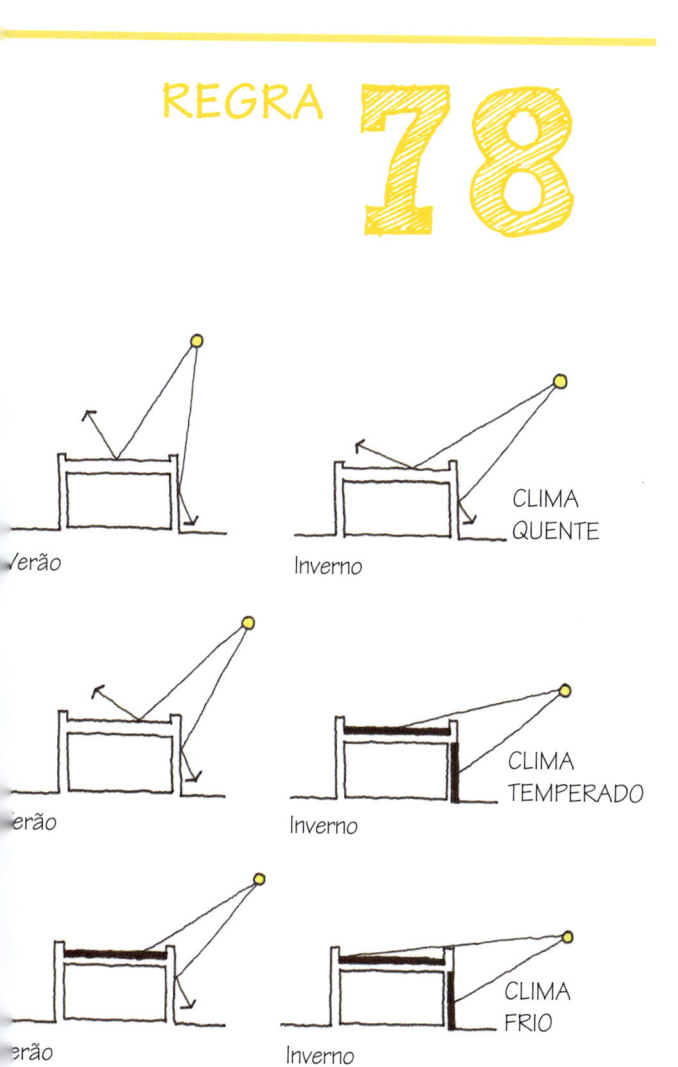

Verão	Inverno	CLIMA QUENTE
Verão	Inverno	CLIMA TEMPERADO
Verão	Inverno	CLIMA FRIO

79 Mantenha a simplicidade

Os usuários de uma edificação costumam ignorar ou desativar sistemas e controles complexos. Com o passar do tempo, eles se esquecerão de como o prédio funciona. No entanto, as pessoas se sentem mais confortáveis quando têm algum tipo de controle sobre seu ambiente; assim, uma arquitetura de baixo consumo de energia precisa ser robusta, intuitiva e simples.

REGRA 79

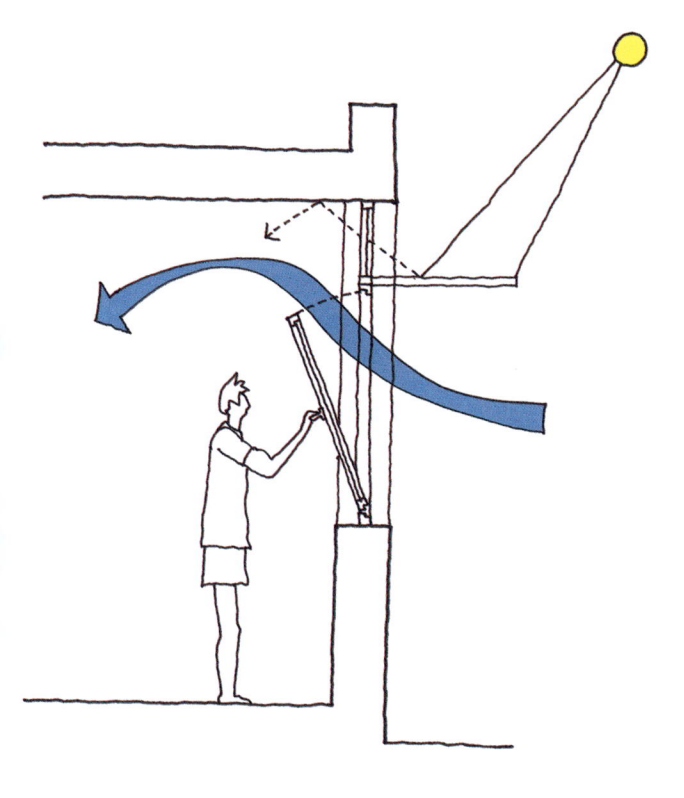

80 Dê instruções claras

Os usuários das edificações precisam saber como elas funcionam. Para que os ocupantes não se esqueçam de como controlar seu ambiente com o passar do tempo, forneça-lhes um manual de operação que explique como a edificação funciona nos períodos diurno e noturno ao longo de todas as estações.

REGRA 80

Manual de operação

verão | inverno | dia | noite